GUIDE
D'INTERPRÉTATION
THÉÂTRALE

D1096511

GUIDE D'INTERPRÉTATION THÉÂTRALE

GINA BAUSSON
Professeur de chant et de théâtre

MARIE LAVALLÉE
Professeur de voix et de diction
à l'École nationale de théâtre du Canada

LEMÉAC

Données de catalogage avant publication (Canada)

Bausson, Gina
Guide d'interprétation théâtrale
(Collection Théâtre)
ISBN 2-7609-0364-8

1. Art dramatique. 2. Voix-Culture. 3. Diction. I. Lavallée, Marie.
II. Titre
PN2061.B38 1997 792'.028 C97-940310-3

Couverture : *Pierrot et Colombine*, illustration du XVIIIe siècle.

Leméac Éditeur remercie la SODEC, ainsi que le Conseil des Arts du Canada du soutien accordé à son programme d'édition dans le cadre du programme des subventions globales aux éditeurs.

ISBN 2-7609-0364-8

© Copyright Ottawa 1997 par Leméac Éditeur Inc.
1124, rue Marie-Anne Est, Montréal (Qc) H2J 2B7

Dépôt légal - Bibliothèque nationale du Québec, 2e trimestre 1997

Imprimé au Canada

Un petit roseau
m'a suffi pour
faire chanter la forêt.
Henri de RÉGNIER

Parce que le théâtre
peut être ce roseau.

Voici un petit livre pour
faire chanter la forêt.

PRÉFACE

Savamment documenté, enrichi du précieux apport de longues années de professorat et d'un contact attentif de pédagogues, voici un instrument de travail du plus grand intérêt. Non seulement pour la formation des futurs professionnels du spectacle qui y puiseront un enseignement clair, intelligent et complet, mais aussi – c'est ma conviction – pour quiconque voudra épanouir sa personnalité.

Cette technique théâtrale au service de tous ouvre enfin une porte toute grande sur des méthodes d'épanouissement personnel réservées jusqu'ici à quelques privilégiés.

Ouvrage de consultation, outil de connaissance, anthologie de morceaux choisis, l'œuvre est d'une lecture aisée et agréable.

Un heureux parrain,

Gérard Poirier

PRÉSENTATION

L'étude du théâtre fait appel à toutes nos facultés: physiologiques, psychologiques, psychiques, intellectuelles, corporelles. Notre personnalité, cette conjonction de notre hérédité, de nos dispositions innées, de notre éducation et de notre acquis, trouve un enrichissement sans égal à «se confondre» avec des personnages. Leçons de vie, études de comportement, formation de l'esprit, voilà ce que le théâtre est en mesure de nous donner. Chercher à jouer, c'est bien, chercher à «savoir», c'est encore mieux et, d'abord, à savoir qui nous sommes. «Nous», ces «êtres humains» aux innombrables facettes, dont chacun de nous ne présente seulement que quelques-unes. «Nous», connus ou imprévisibles...

Psychologie et théâtre... possibilités de parler, d'argumenter, de chercher à comprendre... moyens de défoulement, de dépassement... découvertes... Timidité à vaincre, désir de culture, envie de lever le voile sur l'art mystérieux du comédien, vocation, toute motivation est valable et toute étude bien menée donnera son résultat. Celui qui n'y trouve rien n'avait comme objectif que l'exhibitionnisme.

L'étude du théâtre peut se faire en cours privés mais les cours de groupe sont indispensables. En effet, l'oreille est notre principal outil: nous apprendrons autant en écoutant les autres qu'en travaillant nous-mêmes. Notre oreille, d'abord attentive, sera un transmetteur de plus en plus exercé et alimentera de plus en plus rapidement notre faculté d'exprimer.

Ce livre est donc un guide, un manuel de conseils et de suggestions, mais il ne remplace absolument pas le travail et l'échange avec professeurs et partenaires.

Gina BAUSSON
Marie LAVALLÉE

L'EMPLOI AU THÉÂTRE

On appelait «emploi» au théâtre une catégorie de rôle telle que définie dans le théâtre classique et établie selon le physique et la voix qui conviennent aux rôles de cette catégorie.

Ainsi il y avait, chez les femmes, certains rôles-types:

les ingénues *qui a une sincérité innocente & naïve*	Agnès (*L'École des femmes* de Molière)
les jeunes premières	Silvia (*Le Jeu de l'amour et du hasard* de Marivaux)
les coquettes	Célimène (*Le Misanthrope* de Molière)
les soubrettes (ou rondeurs) *suivante ou servante de comédie*	Dorine (*Tartuffe* de Molière)
les comiques	Bélise (*Les Femmes savantes* de Molière)
les mères	Philaminte (*Les Femmes savantes* de Molière)
les rôles de caractère	Caterina (*La Mégère apprivoisée* de Shakespeare)
les tragédiennes	Bérénice (*Bérénice* de Racine)

Et chez les hommes :

les jeunes premiers	Clitandre (*Les Femmes savantes* de Molière)
les valets	Scapin (*Les Fourberies de Scapin* de Molière)
les comiques	Mascarille (*Les Précieuses ridicules* de Molière)
les pères	Chrysale (*Les Femmes savantes* de Molière)
les rôles de caractère	Petrucchio (*La Mégère apprivoisée* de Shakespeare)
les tragédiens	Néron (*Britannicus* de Racine)

Le rôle dit « de composition » correspondait à un personnage beaucoup plus âgé que son interprète. Le sens s'en est élargi en même temps que « l'emploi » s'est modifié, et on appelle toute « composition » un rôle dont le caractère est très éloigné de la personnalité de son interprète.

Ainsi, l'emploi cataloguait les comédiens. À ces acteurs « classiques », à ces acteurs « tragiques », se sont ajoutés les acteurs « de boulevard* » et les acteurs « d'avant-garde** ».

---

* Théâtre « de boulevard » : répertoire de pièces légères ou de mélos, destiné aux salles situées sur les grands boulevards à Paris.
** Théâtre « d'avant-garde » : théâtre précurseur par ses idées audacieuses.

Des facteurs nouveaux (multiplicité des œuvres théâtrales et leurs formes plus diversifiées, le cinéma, la télévision...) ont accru les besoins en acteurs et le nombre des emplois. La formation de l'acteur s'en est trouvée par le fait même beaucoup plus étendue (chant, danse, mime, acrobatie, improvisation...) pour lui permettre une polyvalence plus grande... Quels défis va-t-il se trouver à relever! Quelles exaltations il va vivre en face de ces défis!

Ainsi nous ne pensons plus «emploi» dans le sens de «catégorie». Nous parlons plutôt de caractères et de tempérament: autorité, timidité, sensibilité, introversion, exubérance, sens du drame, sens de la fantaisie, du comique, sens plastique, faculté d'émouvoir, voix populaire, voix puissante, voix d'or...

JOUER LE TEXTE...
C'EST JOUER DE SA VOIX

La voix est l'instrument le plus nécessaire à l'artiste dramatique. C'est elle qui fixe l'attention du public, c'est elle qui lie l'artiste et l'auditoire. Il faut qu'elle ait toutes les harmonies, graves, plaintives, vibrantes et métalliques...[...] La plus belle voix que j'aie entendue pendant mon interminable carrière, c'est celle de Solidini, le grand acteur italien. C'était tout un orchestre, toutes les notes sortaient de ce gosier en parfaite harmonie avec le texte. La fureur, la douleur, l'apaisement faisaient place à l'ironie glaciale et toutes les manifestations se modulaient sans qu'il fût possible d'entrevoir le pont qui les reliait entre elles.

Sarah BERNHARDT

La fonction du comédien est de reproduire des sentiments, des situations, de nous forcer à y croire. Son but est donc de COMMUNIQUER et de CONVAINCRE...

Par la VOIX d'abord. Il va devoir apprendre à s'en servir, comme on apprend à tirer le meilleur parti d'un instrument de musique.

Cet apprentissage lui fera découvrir les SOURCES D'EXPRESSION que la technique lui apprendra à utiliser :

la respiration	la ponctuation
la voix	les inflexions
l'articulation	le rythme

15

et libérera ses RESSOURCES PERSONNELLES
D'EXPRESSION :

> caractéristiques et possibilités vocales
> instinct et intelligence
> jugement et esprit d'analyse
> possibilités corporelles
> caractéristiques de la physionomie
> tempérament

I
LA TECHNIQUE

Marie Lavallée

LA VOIX

QU'EST-CE QUE LA VOIX?

La voix, c'est d'abord le souffle. Puis, c'est le corps vibrant dans son espace intérieur et dans l'espace qui l'entoure, l'expression de soi dans l'espace, la projection de sa vitalité intérieure. La voix, c'est aussi le prolongement du corps pour atteindre l'autre. C'est l'empreinte sonore de chacun, pareille à aucune autre.

La voix est-elle grave, aiguë, forte, faible, monotone ou chantante? Est-elle retenue, poussée, pleine de sanglots, de rires? Est-elle autoritaire, sensuelle, enfantine, plaintive, agressive, séductrice, froide, chaude? Beaucoup de ceci et un peu de cela? De surcroît, traduit-elle ponctuellement un état de fatigue, d'enthousiasme, de tristesse, de colère, de joie, d'intransigeance, d'impatience? Chaque voix, en plus de son timbre unique, a la possibilité de jouer de ses registres, de son intensité et de ses résonances pour traduire toutes les nuances des émotions et des états intérieurs.

La voix est donc un moyen de communication riche et subtil au delà même des mots. Au théâtre, sa connaissance et sa maîtrise sont d'une importance capitale.

L'APPAREIL VOCAL

La voix est l'effet d'un geste physique: le geste lui-même est à peine perceptible par les yeux et le résultat de ce geste, un son perçu par les oreilles! Que se passe-t-il donc à l'intérieur de ce corps où s'exécute le geste vocal?

Simplifions le processus et servons-nous d'images. Pour produire un son, on a besoin d'un cerveau, d'une soufflerie, d'un vibrateur laryngé et de résonateurs. Tout geste physique part d'une intention intérieure mettant en branle une série de *commandes cérébrales* qui activeront toute une série d'actions musculaires subtilement coordonnées.

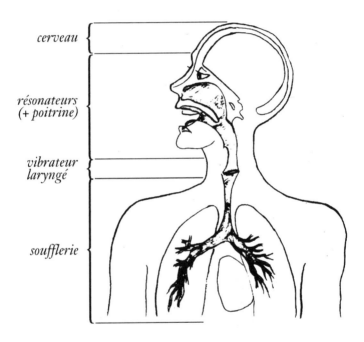

cerveau

résonateurs
(+ poitrine)

vibrateur
laryngé

soufflerie

La *soufflerie* a pour murs les parois de la cage thoracique et pour plancher, le diaphragme. Le diaphragme est un muscle en forme de coupole dont tout le pourtour est attaché aux dernières côtes et qui sépare la cavité thoracique de la cavité abdominale. À l'intérieur de la cage thoracique logent les poumons.

À *l'inspiration,* l'air s'engouffre dans les poumons sous l'effet de l'abaissement du plancher de la soufflerie (le diaphragme) et de l'élargissement consécutif de ses murs (la cage thoracique).

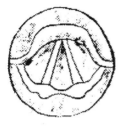
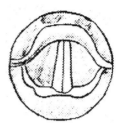

cordes vocales ouvertes
à l'inspiration

cordes vocales fermées
à l'expiration sonore

À *l'expiration,* sous l'action de ce même plancher qui remonte progressivement, l'air « remonte » la trachée artère et arrive au vibrateur laryngé.

Situé dans la partie médiane et antérieure du cou, *le larynx* est une petite boîte triangulaire (assemblage de cartilages unis par des ligaments et des muscles) coupée en son milieu par deux replis ligamenteux et musculaires, *les cordes vocales.* Une fois accolées l'une à l'autre, elles se mettent en vibration très rapide, hachurant l'air qui les traverse et créant ainsi l'onde sonore.

Pour être amplifiée, cette onde sonore cherche de la matière et des cavités pour résonner. Une voix bien ancrée dans le corps trouve tout le squelette pour rayonner dans l'espace et profite des *résonateurs* que sont la poitrine, la bouche, les sinus, le nez et le crâne pour développer toute la richesse de son timbre.

CARACTÉRISTIQUES D'UNE VOIX

Pour décrire une voix (ou un son) on parlera de *timbre*, de *hauteur* et d'*intensité*.

Le Petit Robert définit ainsi *le timbre* : «qualité spécifique des sons produits par un instrument, indépendante de leur hauteur, de leur intensité et de leur durée». Prenons par exemple quatre instruments : une flûte à bec, une flûte traversière, une trompette et un saxophone. Chacun d'entre eux a sa sonorité propre, sonorité dépendant entre autres de la longueur, de la forme et du matériau de l'instrument. De même pour l'instrument vocal : le timbre dépendra de la grandeur, de la forme et de l'agencement des cavités de résonance, morphologiquement semblables mais individuellement fort différentes.

La hauteur du son ou de la voix est déterminée par la vitesse de vibration des cordes vocales dans le larynx : c'est la fréquence du son perçue par l'oreille. Pour un son aigu, les cordes vocales s'amincissent et vibrent très rapidement, tout en restant accolées à leur extrémité postérieure. Pour un son grave, ces mêmes cordes sont épaisses, et vibrent plus lentement.

L'intensité est le degré de force, de puissance du son émis : c'est le volume avec lequel on parle. Elle est tributaire de l'ampleur du souffle et d'une bonne utilisation des cavités de résonance. On dira de l'intensité qu'elle est faible, moyenne ou forte.

PROJECTION VOCALE

Au théâtre se faire entendre est capital. Alors on projette ! Mais qu'entend-on au juste par projection ? Tentons une définition : la projection vocale est l'action d'aller porter loin dans l'espace toutes pensées, sensations ou émotions nées à l'intérieur de soi et traduites vocalement. À cet acte physique s'ajoute l'accompagnement mental et auditif de la voix jusqu'à son but. Il faut placer ses propres oreilles vis-à-vis des oreilles du spectateur au fond de la salle et écouter de cet endroit. Il ne s'agit donc pas de sonner fort à ses propres oreilles sur scène mais bien d'atteindre le public.

Pour plusieurs comédiens, projeter veut dire parler fort. Ce n'est pas totalement faux mais c'est une conception réductrice de la projection vocale parce qu'elle fige notre capacité à moduler notre émotion. Il est vrai que l'intensité vocale de la projection dépendra, entre autres, des dimensions du lieu où l'on parle : une très grande salle exigera une intensité vocale minimum plus forte qu'une petite salle où l'on pourra presque se permettre de chuchoter. Toutefois l'émotion ou le sentiment à exprimer influencera aussi l'intensité vocale. Mais attention, l'équation «émotion forte et intense égale intensité vocale forte» est presque toujours fausse ! Cette tendance à jouer un état intérieur intense avec un volume de voix fort révèle souvent une difficulté ou une impossibilité pour la voix de traduire l'état en jouant de sa hauteur et en se modulant. Cela peut aussi nous indiquer un souffle plus superficiel, plus étroit et moins rattaché à l'émotion.

Une bonne projection vocale est tributaire d'un souffle profond, libre et connecté à l'émotion. Mais ici encore, attention : profond ne veut pas dire «grande respiration maximum»; libre ne veut pas dire «sans direction»; connecté à l'émotion ne veut pas dire «pomper l'air» pour faire croire à l'émotion.

Un souffle libre signifie une émotion libre de se vivre intérieurement et de se dire extérieurement. Et ce souffle s'habillera de vibrations d'une certaine tonalité et transportera ce son-émotion, ce son-état jusqu'au point de projection choisi. C'est le souffle libre qui est garant d'un son vivant.

Techniquement, la projection du son d'intensité faible, moyenne ou forte exige une séquence d'actions musculaires plus complexe que celle utilisée dans la conversation courante, mais n'exige pas d'efforts musculaires, sinon un travail musculaire inhabituel.

VOIX DANS LE MASQUE ET REGISTRES

Traditionnellement on entendait par «voix dans le masque» les vibrations du médium (c'est-à-dire de la hauteur moyenne de la voix) de chaque côté du nez, au niveau des sinus maxillaires sous les yeux et du sinus sphénoïdal entre les yeux derrière le nez, donc, dans la partie antérieure du visage. C'est vrai, la voix est dans le visage mais elle est aussi dans tout le corps. Le visage n'est qu'une partie du corps. Le corps entier est l'habitat du souffle et de la voix : c'est lui qui résonne, c'est lui qui parle, c'est lui qui chante.

N'importe quel son émis fait vibrer «le masque» mais aussi le squelette entier, ce qui donne au son un important rayonnement. De plus, chaque tonalité, c'est-à-dire chaque fréquence, privilégie un résonateur ou un autre pour être amplifiée: un son grave, c'est-à-dire une fréquence basse, préférera la poitrine et la bouche, un son du médium s'amplifiera dans la bouche et les sinus inférieurs, et un son aigu choisira les sinus supérieurs et le crâne. On peut donc parler d'une échelle de résonance du grave à l'aigu ayant une certaine correspondance physique. Et ce phénomène d'échelle est vrai quel que soit le timbre de la voix: toutes les voix ont un registre grave, médium et aigu.

LIBÉRER SA VOIX

Dans le vocabulaire théâtral traditionnel, l'idée présente dans l'expression « poser sa voix » se résumerait ainsi: apprendre à utiliser sa voix avec facilité et détente, dans son registre du médium, c'est-à-dire à sa hauteur moyenne, là où l'émission du son est facile, puissante, là où l'expressivité est la plus spontanée. Tout cela est juste. Mais élargissons le concept; remplaçons le mot « poser » par le mot « libérer »: « libérer sa voix ». Le travail vocal qui va dans le sens de la libération ouvre la voie et la voix à une spontanéité expressive authentique reliée à l'émotion et à l'énergie vitale, et ce, dans tous les registres.

ENTRAÎNEMENT RESPIRATOIRE ET VOCAL: QUELQUES EXERCICES

Bien que l'on ait décrit (très sommairement, il va sans dire) les différents organes et muscles respiratoires et vocaux, l'entraînement vocal fait peu appel directement à ces connaissances. Au contraire, ce travail requiert de l'imagination, de l'écoute et une grande attention aux sensations physiques. Et du temps, et du plaisir!

Dans le cadre de ce guide, il est impossible de développer un plan d'entraînement vocal complet; mais je suggérerai ici quelques exercices non négligeables pour aborder un tel travail.

- Un état de détente favorise la respiration et la voix. Mais on confond souvent la détente avec la mollesse. Au contraire, la détente est un état d'éveil, de souplesse et d'énergie qui permet d'exécuter n'importe quel geste, même un geste dont les séquences d'actions musculaires sont très complexes, avec une grande facilité et un haut niveau de précision. La détente essentielle est la détente mentale qui assure une pensée claire et des objectifs précis. Le reste suit avec l'entraînement. Ainsi, plus vous vous intéresserez à la façon dont vous faites les exercices plutôt qu'au résultat de ces exercices, plus vous travaillerez avec une attitude mentale ouverte et détendue, ce qui favorisera votre décontraction physique...

- Bâillez, étirez-vous, soupirez aussi souvent que vous en ressentirez le besoin dans le travail : tous ces réflexes quotidiens entraînent de la détente et vous font respirer largement et spontanément.

- Un mot sur le bâillement : ce réflexe étire toute la musculature du fond de la gorge. La souplesse de celle-ci est essentielle pour assurer au son un passage ouvert dans la gorge. Devant le miroir, observez l'intérieur de votre bouche. Puis, faites de votre bâillement un exercice : essayez, pendant celui-ci, de laisser la langue à plat dans l'arcade dentaire au lieu de la laisser se masser dans le fond de la bouche afin de voir le fond de votre gorge. Puis essayez de bâiller autant horizontalement que verticalement afin d'arrondir l'ouverture dans le fond de la gorge : bâiller en souriant légèrement facilitera ce mouvement horizontal. Cet exercice d'étirement sert d'éveil et de réchauffement aux muscles de l'arrière-gorge.

Mais dans les exercices vocaux, évitez de figer cette musculature sous prétexte d'ouvrir le passage... vous piégeriez ainsi le son.

- Presque tous les exercices de cette étude peuvent se faire dans diverses positions: debout; étendu au sol sur le dos, jambes allongées ou pliées; assis sur une chaise; accroupi en petit bonhomme; en escargot; le tronc «suspendu au coccyx».

Debout: le poids bien au centre du pied, les pieds bien

plantés au sol (la distance entre les pieds ne dépasse pas la largeur du bassin), les genoux souples (c'est-à-dire débloqués mais pas pliés), une longue colonne, et une tête remplie d'hélium qui flotte au-dessus de la colonne. Et surtout *évitez de vous tirer* vers le haut en crispant les muscles. Plutôt, *imaginez-vous* plus grand de 30 centimètres.

Sur le dos au sol: avec les jambes allongées, vous sentirez

bien les deux courbes du dos au niveau des vertèbres lombaires et cervicales (les «reins» et la nuque). Le fait de plier les jambes aplatira la courbe lombaire de façon évidente.

Assis sur une chaise: détendu au niveau de l'aine, pieds

bien à plat au sol, un dos long et une tête qui flotte. Évitez ici aussi de vous tirer vers le haut: imaginez-vous simplement plus grand.

Accroupi en petit bonhomme: position primitive fort inusitée dans nos vies civilisées occidentales! Si vous n'arrivez pas à tenir en équilibre ainsi accroupi, appuyez le bas du dos contre un mur. Cette position aide à ressentir profondément les mouvements abdominaux de la respiration.

En escargot: au sol, à genoux, le corps replié sur lui-même, les fesses aux talons, les bras posés le long des jambes ou allongés devant. Essayez d'appuyer le haut du front au sol (quitte à mettre vos mains sous le front).

Le tronc suspendu au coccyx: le poids au centre de vos pieds, les genoux pliés (ce n'est pas un exercice d'étirement), et les bras, les épaules et la tête bien lourds. Dans cette position, toute la musculature respiratoire est détendue. De plus, cette position (ainsi que les deux précédentes) permet de mieux ressentir la musculature des hanches, du plancher pelvien et du bas du dos. Pour vous redresser à la verticale, «déroulez-vous» progressivement vertèbre par vertèbre, du coccyx à la tête.

- Nous vous suggérons pour faire ces exercices de vous déchausser, de desserrer vos vêtements à la taille ou mieux encore de porter des vêtements souples.

- Et en réponse à la question que je vous entends vous poser: oui, il faut pratiquer régulièrement, tous les jours si c'est possible, ou tout au moins trois à quatre fois par semaine. Comme l'athlète qui veut exceller s'entraîne tous les jours, comme l'enfant qui apprend à marcher «s'entraîne» à sa façon tous les jours, les apprentis acteurs doivent eux aussi développer leur instrument en s'entraînant régulièrement: mieux vaut trente minutes par jour ou par deux jours que trois heures consécutives toutes les deux semaines!

• Enfin, en exécutant les exercices, *faites plus d'efforts d'imagination que d'efforts musculaires.* Ces derniers ne vous apprendront rien d'autre que l'effort. Alors, pour atténuer les efforts musculaires essayez de vous y prendre autrement, de découvrir une autre façon d'exécuter l'exercice. Confiance, vous êtes plein d'idées et de ressources !

I- *SOUFFLE: MATIÈRE PREMIÈRE DU SON*

Pour ces quelques exercices respiratoires, imaginez votre soufflerie (poumons et diaphragme) dans le bassin: les poumons sont dans le ventre et les fesses; la base des fesses, l'intérieur des hanches et les muscles pelviens (muscles qui entourent le sexe et l'anus, et qui sont le plancher du bassin) représentent le diaphragme.

1. *Respiration narines alternées*

obstruez la narine gauche
 – laissez entrer l'air par la narine droite

obstruez la narine droite
 – laissez sortir l'air par la narine gauche
 – laissez entrer l'air par la narine gauche

obstruez la narine gauche
 – laissez sortir l'air par la narine droite

– laissez entrer l'air par la narine droite

obstruez la narine droite
– laissez sortir l'air par la narine gauche

et ainsi de suite...

au début comptez

4 temps d'entrée d'air	– 4 temps de sortie d'air
puis 6 temps	– 6 temps
puis 8 temps	– 8 temps
puis 10 temps	– 10 temps

pendant 5 minutes

▷ Précisions

• Pourquoi dire «laissez entrer l'air – laissez sortir l'air» plutôt que «inspirez» et «expirez»? Ces mots veulent déconditionner l'esprit et le corps à tirer ou aspirer l'air avec bruit et à le pousser à la sortie. L'idée est plutôt de se laisser envahir par l'air et de libérer cet air vers l'extérieur, porteur de l'état du moment. Peut-être ici le souffle traduit-il un état de bien-être, de calme ou d'inconfort? Peu importe: l'essentiel est de ne pas nier votre état et de le laisser circuler avec le souffle.

• N'oubliez pas: l'air envahit vos poumons... lesquels sont logés dans vos fesses! Mais pour les inquiets et les sceptiques, sachez qu'avec cette image, c'est la base de vos poumons réels qui est fortement sollicitée.

• Si vous vous sentez étourdi ou ressentez un quelconque malaise physique (de l'engourdissement dans les mains, par exemple), arrêtez-vous et reposez-vous. Puis essayez de nouveau. Faites l'exercice une minute seulement et allongez progressivement sa durée, 1 min 30, 2 min, etc. À mesure que votre corps apprendra à recevoir plus d'oxygène et à respirer avec moins de tensions musculaires, ces inconforts disparaîtront.

- S'il vous est difficile d'imaginer vos poumons dans le bassin, si vous ne ressentez pas de mouvement à l'intérieur du bassin, essayez ceci: assoyez-vous sur le bout d'une chaise, pieds bien à plat au sol, pliez votre tronc sur vos cuisses et respirez tout simplement. Dans cette position, il est plus facile de sentir les subtils mouvements respiratoires internes et profonds à l'intérieur du bassin. Refaites ainsi l'exercice.

- Cet éveil de la respiration abdominale profonde est essentiel pour la voix libre et projetée. C'est le fameux «appui» en question. Les mouvements respiratoires internes et profonds dirigent le souffle et lui donnent la force et la durée dont il a besoin. Mais s'entraîner à une respiration abdominale profonde ne veut pas dire de couler la cage thoracique dans le béton, pas plus que de la laisser s'écraser, lourde et fermée, sur le bassin! Au contraire, représentez-vous-la bien accrochée aux vertèbres dorsales dans le haut du dos et pleine d'espace à l'intérieur. Imaginez-la souple et laissez-la réagir. Mais pas dans les épaules qui voudraient aller toucher les oreilles! C'est plutôt le pourtour du bas de la cage thoracique qui s'élargira.

- Soyez patients: on ne change pas sa façon de respirer en une semaine. La respiration est une habitude neuro-musculaire dont on n'a plus conscience depuis longtemps.

2. *Respiration par la bouche*

Décrivons tout d'abord la position des articulateurs dans l'ouverture de la bouche. Un miroir vous sera nécessaire :

bouche ouverte : c'est-à-dire qu'il y a entre les incisives supérieures et inférieures un espace qui permet de voir la langue. Attention, les excessifs : pas trop grande l'ouverture, et vous, les minimalistes : pas trop petite.

sans tension dans la mâchoire :

ne poussez pas le menton vers l'avant en ouvrant la bouche ; pensez plutôt à laisser tomber ce menton vers le bas et légèrement vers l'arrière. Ou bien pensez en ouvrant la bouche que c'est la mâchoire supérieure qui se déplace vers le haut et s'ouvre.

sans tension dans la langue :

la langue détendue signifie une langue large, immobile, la pointe bien arrondie dans l'arcade dentaire inférieure et en son centre, large et légèrement bombée.

sans tension dans les lèvres et le visage.

a)   Laissez entrer l'air
4 temps
silencieusement
évitez le resserrement de la gorge et tout mouvement de la langue et de la mâchoire.

Laissez sortir l'air
4 temps
sur un « a » chuchoté
sans mouvement de la langue, de la mâchoire et des lèvres.

• La langue gardera la position décrite ci-dessus : c'est à peu près la position de l'articulation du son « a ». D'ailleurs, pensez à un « a » entre le « a » de « la table » et le « a » de « l'âme » : [a/ɑ]. Ce son chuchoté pourra aussi ressembler à une voyelle se situant entre le « a » de « table » et le « e » de « leçon » prononcé sans l'usage des lèvres : [a/ə] (voir les symboles phonétiques, p. 46)

• Le souffle chuchote le « a » dans la bouche entre le palais dur et la langue, et non dans la gorge sous l'effet d'un resserrement des muscles de celle-ci. Toutefois, il ne faut pas non plus retenir le souffle dans ce lieu d'articulation (entre le palais dur et la langue) sous prétexte de « faire fort ». Il faut plutôt continuer à diriger le souffle vers l'extérieur de la bouche, au-delà des lèvres.

• Venez écouter ce « a » chuchoté en avant de vous. Pour ce faire, « amenez » vos oreilles à quelques centimètres de votre bouche.

b) Même exercice, en changeant le temps d'entrée d'air.

Laissez entrer l'air
1 temps
silencieusement
évitez ici aussi tout resserrement dans la gorge
et tout mouvement de la langue

Laissez sortir l'air
4 temps
    d'abord sur un [sss]
    puis sur un [ʃʃʃ]
    puis sur un « a » chuchoté
puis variez la durée de ces « sons » : 6, 8, 10 temps.

- Vous constaterez peut-être que cet exercice est plus facile à exécuter avec le «s» et le «ch» qu'avec le «a» chuchoté. Si vous n'arrivez pas à le faire avec ce dernier, dans l'alternance 1 temps – 4 temps, faites tout simplement l'alternance 1 temps – 1 temps. Puis augmentez à 2 temps de «a» chuchoté, puis à 3 temps, puis à 4 temps. Mieux vaut travailler en plus courte durée, au début, pour bien installer le centre respiratoire dans le bassin et à partir de ce centre, apprendre à diriger le souffle, à l'allonger et à en jouer en augmentant progressivement le temps du «a» chuchoté.

- Le temps d'entrée d'air correspond à une ouverture se traduisant par une détente de la musculature abdominale et pelvienne profonde (à ne pas confondre avec un relâchement du ventre comme un gros ballon mou!); c'est une présence au centre de soi pour une recharge d'air. À ne pas confondre non plus avec un remplissage pleine capacité en un mouvement de pompe aspirante! En fait, la quantité d'air qui entrera dépendra de l'intention que vous aurez: branchez-vous fortement à cette intention de produire ce [s], [ʃ] ou «a» plus bref (4 à 6 temps) ou plus long (8 à 10 temps) et la quantité d'air nécessaire vous envahira sans que vous «calculiez» ou contrôliez mentalement la dose à prendre. Enfin, ne précipitez pas ce temps d'entrée d'air: ce temps de silence fait partie de la parole.

- Ne soyez pas trop «rigide» et trop intellectuel dans le compte des temps. Restez détendu et suivez votre tempo intérieur du moment.

3. *Halètement*

Bouche ouverte, mâchoire détendue, langue détendue bien installée dans l'arcade dentaire inférieure

- laissez entrer l'air 1 temps
- laissez sortir l'air 1 temps

dans une cadence régulière que vous pourrez accélérer jusqu'à haleter comme le chien essoufflé!

▷ Précisions

- Mais vous-même, ne vous essoufflez pas à faire cet exercice! Restez détendu. Souciez-vous que la même petite quantité d'air entre et sorte de votre corps pour éviter à la longue soit un trop-plein d'air parce qu'il y a à peine un peu d'air rejeté à l'expiration, soit un manque d'air parce qu'il n'y a que très peu d'air qui entre à l'inspiration.

- Écoutez le bruit du souffle dans le halètement. Ce très léger bruit est dû à l'air qui frôle le devant du palais dur dans la bouche et qui continue son trajet au-delà des lèvres, et non à l'air qui est piégé par un resserrement de la gorge.

- Dans cet exercice (comme dans les précédents), ni la mâchoire, ni la langue, ni le fond de la gorge ne sont impliqués: aucun mouvement ne se produit à l'entrée d'air, pas plus qu'à la sortie. Observez votre bouche dans un miroir pendant que vous faites l'exercice, vous découvrirez peut-être des mouvements que vous ne ressentiez pas.

- Enfin, le muscle moteur de cet exercice est le diaphragme. Si vous mettez vos mains sur votre taille (touchez avec les doigts votre dos, pouce en avant), vous sentirez le mouvement. Tel que suggéré précédemment, vous pouvez travailler avec l'image d'un diaphragme à la base du bassin.

4. *Remontée de la colonne sur «a» chuchoté*

Debout, pieds à la largeur du bassin, laissez tomber la tête, puis le tronc, vertèbre par vertèbre. Ne bloquez pas la respiration, laissez l'air circuler tout au long de la descente. Vous vous retrouvez sur vos deux jambes, le tronc suspendu au coccyx, bras ballants (vous pouvez plier les genoux pour garder le poids au centre de vos pieds). Laissez-vous respirer.

Laissez entrer l'air. Chuchotez «a».

Redressez-vous de *quelques* vertèbres en laissant entrer l'air, puis arrêtez-vous et chuchotez «a» encore une fois. Redressez encore deux ou trois vertèbres en laissant entrer l'air et chuchotez «a»... et ainsi de suite jusqu'au redressement complet de la colonne (la remontée se fera en 12 à 15 étapes). Installez-vous dans un rythme confortable.

▷ PRÉCISIONS

- Prenez soin, dans cette position, de laisser la tête suspendue à l'extrémité de la colonne. Ne la retenez pas avec les muscles de la nuque. Laissez aussi vos bras bien lourds au bout des épaules. Ni la tête, ni les bras, ni les épaules ne servent à redresser la colonne. Ce sont, entre autres, les muscles autour de cette colonne qui servent à la redresser. Concentrez-vous sur votre squelette, donc sur vos vertèbres, plutôt que sur vos muscles.

- Cette position du tronc suspendu au coccyx favorise la respiration basse. Attardez-vous à ressentir les mouvements au niveau du plancher pelvien, de l'aine, des fesses et du bas du dos (au niveau lombaire). À l'inspiration, vous sentirez une ouverture dans le bas du dos. Essayez de maintenir ce mouvement d'ouverture à chaque inspiration tout au long du redressement de la colonne. Peut-être constaterez-vous que plus vous vous redressez à la verticale, moins vous sentez ce mouvement d'ouverture du dos. Ne désespérez pas, donnez-vous du temps et vous arriverez à inspirer dans votre dos dans n'importe quelle position.

• Vous pouvez aussi faire cet exercice en expirant sur un [s] ou un [ʃ] au lieu d'un «a» chuchoté.

II. SOUFFLE ET SON

5. Son «a»: *préalable*

Reprenons ici encore la description des articulateurs dans le son [a] :

bouche ouverte :
> c'est-à-dire qu'il y a, entre les incisives supérieures et inférieures, un espace qui permet de voir la langue. Attention, les excessifs: pas trop grande l'ouverture, et vous, les minimalistes: pas trop petite.

sans tension dans la mâchoire :
> ne poussez pas le menton vers l'avant en ouvrant la bouche; pensez plutôt à laisser tomber ce menton vers le bas et légèrement vers l'arrière. Ou bien pensez quand vous ouvrez la bouche que c'est la mâchoire supérieure qui s'ouvre et se déplace vers le haut.

sans tension dans la langue :
> la langue détendue signifie une langue large, immobile, la pointe bien arrondie dans l'arcade dentaire inférieure et en son centre, large et légèrement bombée.

sans tension dans les lèvres et dans le visage.

Dans cette position :

– laissez entrer l'air
>sans aucun mouvement de mâchoire, de langue et de lèvres

– puis laissez sortir les vibrations
>le souffle y est toujours, mais habillé de vibrations

– à la hauteur qui vous viendra
>le son devrait ressembler à un [a/ɑ] comme dans le chuchotement précédent

– à la fin du son, laissez entrer l'air
>et refaites [a/ɑ] sur la même note. Ce n'est pas un concours de durée ; travaillez dans le confort.

▷ Précisions

• Une fois familiarisé avec l'exercice, refaites-le en changeant de tonalité à chaque nouveau son. Vous pouvez vous aider d'un instrument de musique. Si vous n'avez pas d'instrument, montez et descendez de quelques notes. Pour commencer, travaillez dans une partie de votre registre vocal où vous vous sentez à l'aise.

• Vous constaterez peut-être qu'en montant la tonalité, la langue veut se rétracter ou la mâchoire se refermer (si elle veut s'ouvrir *un peu*, laissez-la suivre ce mouvement pourvu que la langue, elle, reste détendue). Ou bien vous constaterez que plus l'exercice avance, plus il est difficile de garder tous ces muscles détendus, ou bien encore que, si vous tentez d'allonger la durée du son, la langue ou la mâchoire commence à se crisper à la fin de ce son.

Toutes ces crispations surgissent au moment où le souffle ne travaille plus à faire le son: alors, les muscles de la langue, de la mâchoire ou des lèvres veulent suppléer à ce manque de matière première. Que faire alors? Relâcher la crispation le plus possible et s'intéresser au souffle et à sa source profonde dans le bassin; à la prochaine entrée d'air, bien centrer sa détente et son ouverture dans le diaphragme imaginaire du bassin.

• Mettez vos oreilles à un mètre en avant et écoutez le son émis (on ne l'écoute pas pour juger de sa beauté; on écoute pour garder le souffle et le son vivants tout au long de son émission).

6. *Trois exercices précédents avec le son*

Maintenant que l'exercice préalable vous est plus familier, reprenez les exercices 2b, 3 et 4 et, sans rien oublier de ce que l'on vient de faire, refaites-les avec un «a» sonore. Toutes les précisions données pour les exercices avec le souffle demeurent aussi importantes et aussi vraies pour ces mêmes exercices avec le son. N'hésitez pas à les relire.

2b)   1 temps d'entrée d'air
        4 temps   d'expiration sonore
                d'abord sur un [zzz]
                puis sur un [333]
                puis sur un «a» sonore
        Variez la durée du son émis : 6, 8, 10 temps.

        1 temps d'entrée d'air
        – comptez de 1 à 10; de 1 à 20
        1 temps d'entrée d'air
        – dites les jours de la semaine
        1 temps d'entrée d'air
        – dites les mois de l'année une fois;
          puis, 2 fois sans arrêter

3   halètement : peut-être constaterez-vous un ralen-
     tissement de la cadence avec la sortie d'air
     vibrant. Respectez le fait et gardez la cadence
     uniforme. Avec l'assouplissement du dia-
     phragme, vous arriverez à accélérer. Mais le but
     n'est pas d'aller vite !

Dans ces deux exercices, n'hésitez pas à varier les tonalités et à travailler avec d'autres voyelles telles [y], [e],
[i] et [u].

4   remontée de la colonne : faites trois remontées
     consécutives : une première avec la voyelle « o » (à
     une hauteur médium-grave), puis une deuxième
     avec la voyelle « a » (à une hauteur médium), et
     enfin une dernière avec la voyelle « i » (à une
     hauteur aiguë).

7. « Hum » qui fait résonner le corps et la tête

« hummmmmmmmmm »

– laissez entrer l'air par la bouche

– laissez le souffle et la *très courte* voyelle inarticulée
  jaillir au-devant des lèvres, à la hauteur qui vous
  viendra spontanément

– refermez les lèvres doucement sans les serrer, ni
  serrer les mâchoires

– laissez le « mmm » et ses vibrations envahir votre
  corps, parcourir votre squelette

– détendez la musculature au niveau du bassin et
  laissez l'air entrer

– et refaites plusieurs sons en montant la tonalité ;
  puis en descendant la tonalité.

• Attention de ne pas confiner le son à votre nez. Ne limitez pas les vibrations à ce petit espace. Au contraire cherchez d'abord à remplir la bouche de vibrations, puis à les laisser couler le long de la colonne, des bras, du bassin, des jambes, jusqu'aux pieds, et à les laisser remplir le crâne dans tout son volume. Goûtez à ces vibrations pour le plaisir de résonner.

• En montant et descendant la tonalité, vous constaterez que les notes plus graves sont ressenties plus fortement dans le corps, et les plus aiguës, plus fortement dans la tête: c'est normal. Mais dans les deux cas, tout le squelette vibre. Soyez attentif, vous verrez... enfin vous ressentirez!

• Pendant le son, même si la bouche est fermée, les dents ne sont pas serrées, la mâchoire est sans crispation et la langue est détendue, large, épaisse sur le plancher de la bouche. Sous prétexte de créer de l'espace dans la gorge, on a quelquefois tendance à écraser la racine de la langue, ce qui se voit à l'extérieur comme une grosse gorge: il faut éviter cela. Pour créer de l'espace dans la bouche, *imaginez* votre palais dur et votre palais mou plus hauts dans votre bouche qu'ils ne le sont en réalité.

Maintenant, pendant le « hummm », ouvrons les lèvres: le son qui s'échappera sera [a/ɑ] comme précédemment. Essayez.

– Laissez entrer l'air en détendant la musculature dans le bassin.

– hummmmaaaaaaammmmmaaaaaa.
Rien ne bouge dans la bouche: il n'y a qu'un mouvement facile et léger d'ouverture de mâchoire, les lèvres qui se détachent l'une de l'autre, puis un

41

mouvement tout aussi léger de fermeture, de réou-
verture, etc.

– laissez entrer l'air par la bouche

– et refaites le son.

8. Registres

Pour explorer les registres, donnons-nous des repères
physiques. Rappelons-nous d'abord que quelle que soit
la hauteur d'un son, celui-ci fait vibrer tous les os du
squelette. Mais le registre grave privilégiera pour se
déployer la poitrine et la bouche. Le registre médium
privilégiera la bouche mais encore la poitrine. Le registre aigu privilégiera les dents, les sinus, le crâne,
mais encore la bouche.

Ces résonateurs sont des cavités de forme et de
grandeur variées: ce sont des volumes, ils ont donc
trois dimensions. La poitrine a un dos, un devant et des
côtés; la bouche a un palais comme toit, des joues
comme murs, et une langue comme plancher; les sinus
sont de petites cavernes dans le maxillaire supérieur et
les os du crâne avec mille et une anfractuosités sur
leurs parois; le crâne est l'amalgame de plusieurs os du
front à l'occiput. Alors soyons attentifs à faire vibrer
tous ces volumes et non seulement leur surface visible
pour nos yeux.

– Prenez une note dans votre grave (pas la plus grave)
et faites résonner les zones physiques concernées
sur un «a».

– Jouez autour de cette note, montez un peu,
descendez un peu.

– Puis, parlez sur ce «a», dans cette zone de votre
registre: utilisez des inflexions de voix parlée au
lieu de tenir un son chanté comme on le fait

depuis le début (vous pouvez aussi utiliser les syllabes «ma» ou «la» ou «bla»: «mamama», «lalala», «blablablablabla»).

– Faites la même chose pour le médium sur un «a», puis sur «mamamama», «lalalala» et «blabla».

– Faites la même chose pour l'aigu. Peut-être la voyelle «i» facilitera-t-elle votre recherche. Mais essayez tout de même de parler sur «lalala», «mamama» et «blablabla» dans cette zone aiguë.

▷ Précisions

• Ne forcez rien. Soyez branché aux sensations physiques des vibrations, non à la qualité du son produit, et assurez-vous de donner à chaque son tout le souffle nécessaire en le faisant monter de la source, le bassin. Il ne sert à rien d'aller aux extrêmes de votre registre. La voix n'est pas un élastique. Si on la traite comme telle, elle cassera. Comme l'élastique. Entraînez plutôt le centre de votre étendue vocale, le médium-grave, le médium et le médium-aigu. Une fois le centre solidifié, les notes des extrêmes se gagneront une à une.

• Vous pouvez refaire l'exploration de ces registres en utilisant les syllabes «ma» ou «la» («mamama-mamama?» ou «lalalala!») en modulant en voix parlée. Avec ces phrases sans mot, tenez-vous à vous-même des conversations tout en inflexions, dans une même zone de résonance. Puis, passez d'une zone à l'autre dans une même conversation. Et enfin, passez d'une zone à l'autre dans une même phrase. Avec ces mêmes syllabes, faites un discours politique, une déclaration d'amour, dites un secret, relatez un accident, etc. Comme il n'y a pas de mots, la voix seule devra traduire le sens et l'intention de votre communication.

- *Ne tombez pas dans la caricature ou la composition vocale.* Cherchez plutôt à découvrir votre propre voix grave, ou moyenne ou aiguë, dans l'authenticité et la vérité. Soyez sensible aux énergies affectives reliées aux énergies sonores des diverses tonalités. Soyez attentifs aux images que pourront susciter ces sons. Appréciez ces états et ces images, nourrissez-les, laissez-les s'exprimer et vivre dans le son. C'est ce dont la voix d'un acteur a besoin pour traduire toute la richesse et la subtilité de l'univers d'un personnage, et toute la diversité et la beauté d'un texte.

LA DICTION

En faisant l'apprentissage de la parole, nous avons touché à tous les aspects de la diction : la voix, véhicule de nos états intérieurs, l'articulation des sons et des mots, et l'agencement des mots et des phrases. Il s'agit maintenant de mener notre faculté de parole à un niveau plus performant pour répondre aux exigences du théâtre. S'approprier un texte et le faire sien avec naturel et vérité exige la connaissance consciente de tous les paramètres de la parole et des procédés d'expression propres à la servir. C'est ce que nous allons étudier dans ce nouveau chapitre.

L'ARTICULATION

Voyons d'abord les 36 phonèmes du français dont nous nous servirons pour poursuivre notre entraînement. Pour ce faire, nous utiliserons l'alphabet phonétique international (A.P.I.), car l'écart est parfois très grand entre la graphie d'un mot et sa phonie (sa prononciation). Cet alphabet a été élaboré pour noter les sons de toutes les langues. Il est utilisé universellement et mis à jour régulièrement. Nous ne verrons toutefois ici que les symboles concernant les phonèmes du français dit normalisé ou international.

Pour produire ces consonnes et ces voyelles, nous devons jouer de ces organes articulatoires que sont la mâchoire, les lèvres, les dents, le palais dur et le palais mou, la pointe, le dos et la racine de la langue.

Jetez un coup d'œil dans votre bouche à l'aide d'un miroir. D'abord, observez votre palais. Puis, du bout de

Alphabet phonétique international

VOYELLES ORALES

[i]	vie	[vi]
[e]	dé	[de]
[ɛ]	lait	[lɛ]
[a]	table	[tabl]
[ɑ]	pas	[pɑ]
[ɔ]	homme	[ɔm]
[o]	pot	[po]
[u]	mou	[mu]
[y]	rue	[ry]
[φ]	feu	[fφ]
[œ]	œil	[œj]
[ə]	je	[ʒə]

VOYELLES NASALES

[ɑ̃]	temps	[tɑ̃]
[ɛ̃]	faim	[fɛ̃]
[ɔ̃]	don	[dɔ̃]
[œ̃]	un	[œ̃]

SEMI-VOYELLES

[j]	pied	[pje]
[ɥ]	huile	[ɥil]
[w]	toi	[twa]

CONSONNES

[p]	pape	[pap]
[t]	tas	[tɑ]
[k]	coq	[kɔk]
[b]	bébé	[bebe]
[d]	dîme	[dim]
[g]	gant	[gɑ̃]
[m]	main	[mɛ̃]
[n]	nom	[nɔ̃]
[ɲ]	agneau	[aɲo]
[f]	fils	[fis]
[v]	ville	[vil]
[s]	sel	[sɛl]
[z]	zéro	[zero]
[ʃ]	chou	[ʃu]
[ʒ]	jeu	[ʒφ]
[l]	lys	[lis]
[r]	riz	[ri]

la langue, de l'avant vers l'arrière, suivez-le : il y a d'abord les alvéoles là où vous sentez de petites bosses, puis le palais dur, dur et lisse parce qu'il y a un os sous la muqueuse, et enfin le palais mou, muscle mobile (terminé par la luette) qui sert de porte pour ouvrir ou fermer le passage entre le nez et la bouche. Ensuite, tirez la langue à l'extérieur de la bouche pour voir combien elle est longue et pour bien sentir l'attache de la racine à la naissance du cou. La langue est une masse musculaire très mobile : elle peut se rétracter, se propulser, se soulever, s'abaisser, se rétrécir et s'élargir. Explorez !

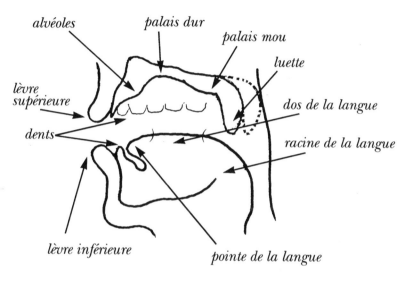

alvéoles   *palais dur*

palais mou

luette

lèvre supérieure

dos de la langue

dents

racine de la langue

lèvre inférieure   *pointe de la langue*

Voyelles

Observons l'articulation des voyelles :

- La *bouche* est plus ou moins ouverte.

- La *langue* est plus ou moins avancée dans la bouche et plus ou moins haute.

- Les *lèvres* sont plus ou moins arrondies, ou pas arrondies du tout, dans une position neutre. Évitez de les écarter excessivement dans le [i] et le [e], ça ne sert qu'à écraser la voix.

- Le *palais mou* est soulevé ou abaissé, fermant ou ouvrant le passage entre le nez et la bouche.

Dites les voyelles [i – u – i – u] et notez le mouvement de la langue : en avant pour le [i] et en arrière pour le [u]. Les lèvres s'arrondissent pour le [u].

Dites maintenant [i – y – i – y] : la langue reste en avant mais les lèvres s'arrondissent pour le [y].

Dites maintenant [i – y – u – i – y – u] : notez les divers mouvements de la langue et des lèvres.

Dites maintenant [i – e – ɛ – a] : constatez l'ouverture de la bouche et l'abaissement *naturel* de la langue. Ne forcez pas cet abaissement. Le même phénomène se produit pour les séries de voyelles [u – o – ɔ – ɑ], [y – ø – œ – ə].

Voyons maintenant l'action du palais mou : cette action détermine l'oralité ou la nasalité de la voyelle. Dans une voyelle orale, le palais mou est soulevé, fermant ainsi le passage entre le nez et la bouche : le courant de vibrations sonores ne traversera que la bouche. Par contre, dans une voyelle nasale, le courant de vibrations sonores traversera et la bouche et le nez, étant donné l'abaissement du palais mou ouvrant le passage entre le nez et la bouche. On compte douze voyelles orales et quatre voyelles nasales.

Dites [ɑ – ɑ̃ – ɑ – ɑ̃] et observez dans un miroir le mouvement du palais mou à l'arrière de la bouche.

Notons enfin que dans l'articulation des voyelles, aucun point de contact entre deux articulateurs ne ferme ou ne rétrécit le passage de la bouche. L'ouverture de la bouche, la position de la langue et des lèvres sculptent un moule spécifique à chaque voyelle dans lequel le courant de voix (quelle que soit sa hauteur) prendra le timbre de la voyelle prévue.

Consonnes

Dans l'articulation des consonnes, on observe :

- *au niveau de la bouche*
  une fermeture complète du passage (occlusion)
  consonnes occlusives : p, b, m, t, d, n, k, g, ɲ
  ou
  un rétrécissement du passage (constriction)
  consonnes constrictives : f, v, s, z, ʃ, ʒ, l, r

- *au niveau des articulateurs*
  un contact entre deux organes articulatoires
  responsables de la fermeture ou du rétrécissement
  du passage dans la bouche, contact qui détermine
  le lieu d'articulation.
  ex. : contact entre les deux lèvres : p, b, m
        contact entre la lèvre inférieure et les dents
        supérieures : f, v
        contact entre le dos de la langue et le palais
        mou : k, g

- *au niveau des cordes vocales*
  le souffle seul sans vibration des cordes vocales
  consonnes sourdes : p, t, k, f, s, ʃ
  ou
  le souffle mis en vibration par l'action des cordes
  vocales
  consonnes sonores : b, d, g, m, n, ɲ, v, z, ʒ, l, r

- *au niveau du palais mou*
  abaissé, ouvrant le passage nez-bouche,
  consonnes nasales : m, n, ɲ
  ou
  soulevé, fermant le passage nez-bouche,
  consonnes orales : toutes les autres consonnes

Comme on peut le constater, la description de l'articulation d'une consonne réunit plusieurs paramètres.

Prenons la consonne [b] : c'est une consonne occlusive, orale, bilabiale (articulée par les deux lèvres) et sonore. De plus, on pourrait ajouter qu'elle est momentanée (c'est-à-dire entendue juste au moment où les deux lèvres se détachent l'une de l'autre et laissent sortir le souffle vibrant qui attendait derrière) et explosive (en rapport avec sa qualité acoustique). Voilà! Et pour chacune des seize autres consonnes, une description tout aussi précise pourrait être faite. Mais la chose dépasserait largement les limites de ce guide.

Semi-voyelles (ou semi-consonnes)

Ces trois sons sont ainsi appelés parce que la façon de les articuler est à mi-chemin entre le libre passage de la bouche comme dans une voyelle et le rétrécissement de ce passage comme dans une consonne.

Chacune des semi-voyelles provient d'une voyelle :

le [j] est un [i] «semi-voyellisé», «semi-consonnisé»

le [ɥ] est un [y] «semi-voyellisé», «semi-consonnisé»

le [w] est un [u] «semi-voyellisé», «semi-consonnisé»

Cette description sommaire de l'articulation des voyelles et des consonnes nous suffira dans le cadre de notre travail. Pour une étude plus complète, il existe de nombreux ouvrages de phonétique auxquels vous pourrez vous référer.

EXERCICES D'ARTICULATION

1. Toutes les consonnes et toutes les voyelles

- Formez une syllabe avec une consonne et chacune des voyelles à tour de rôle.

- Répétez 6 fois chaque syllabe ainsi obtenue.

- Faites de même pour chaque consonne :
  p, b, m, t, d, n, k, g, ɲ, f, v, s, z, ʃ, ʒ , l, r

  i, e, ɛ , a , ɑ , ɔ, o, u, y, ɸ, ə, ɑ̃, ɛ̃, ɔ̃, œ̃.

  (La voyelle [œ] est omise parce qu'elle ne se prononce jamais en finale de syllabe sans être accompagnée d'une consonne. Par exemple : fleur, œil, bœuf, veuve, etc.)

  exemple : pipipipipipi, pepepepepepe, pɛpɛpɛpɛpɛpɛ, papapapapapa, etc.
  bibibibibibi, bebebebebebe, etc.
  mimimimimimi, etc.

▷ Précisions

- Articulez plus avec vos oreilles qu'avec vos muscles ! C'est l'écoute des sons que vous produisez qui commandera les mouvements musculaires requis pour rendre un son plus précis. Les efforts musculaires ne produiront que contractions superflues dans la langue, ou bien dans la mâchoire ou bien dans les lèvres, toutes contractions qui piégeront la voix. Les articulateurs ne font que manipuler le courant de vibrations, ils ne doivent pas l'arrêter ou le réduire.

- Écoutez la netteté de la première et de la dernière syllabe. Elles doivent être aussi audibles que toutes les autres.

- Une articulation claire résulte de la précision et de la netteté des consonnes comme des voyelles. Attention de ne pas coincer vos voyelles entre des consonnes trop fortes ou de liquéfier vos consonnes dans vos voyelles.

- Il convient de commencer ces exercices dans un débit moyen de parole, c'est-à-dire à une vitesse moyenne de déroulement des syllabes. Une fois la parole maîtrisée à vitesse moyenne, on pourra progressivement accélérer la vitesse et maîtriser chacune des accélérations avant d'augmenter à nouveau, puis diminuer la vitesse et découvrir l'importance des voyelles bien soutenues vocalement dans un tempo plus lent.

- Attention : la respiration dans le bassin, pas dans les épaules ! Il ne faut rien oublier de l'entraînement vocal précédent. L'articulation n'est que la manipulation du courant de vibrations large, libre et bien appuyé. Les divers moules des consonnes et des voyelles dans la bouche sculptent le courant de son sans l'interrompre.

- Enfin, ne parlez pas pour vous-même dans ces exercices. Efforcez-vous de vous entendre comme si vous étiez au point le plus éloigné de la pièce. Ou encore, imaginez un interlocuteur à qui vous vous adressez. Cela ne veut pas dire de parler fort, mais plutôt d'aller porter loin la voix.

2. *Deux ou trois consonnes avec toutes les voyelles*

ks		i, e, ɛ, a
fp		
zb	+	ɑ, ɔ, o, u
ʃt		
ʒn		y, ɸ, ə

52

sʃ
ʃs
zd   +   ɑ̃, ɛ̃, ɔ̃, œ̃
sk
vg
msl
mrl

ex.:   [ksi kse ksɛ ksa] / [ksɑ ksɔ kso ksu] /
        [ksy ksɸ ksə] / [ksɑ̃ ksɛ̃ ksɔ̃ ksœ̃]

– d'abord respirez entre chaque segment

– puis enchaînez les 15 syllabes sans respirer

– si vous n'y arrivez pas, respirez après les deux premiers segments.

3. Virelangue

Traduction du terme anglais *tongue twisters*, les vire-
langues sont ces phrases d'articulation dans lesquelles
la langue vire, se tord et se crispe à cause de la répétition d'un même son, ou de deux ou trois sons dont le
lieu d'articulation est très proche dans la bouche, ou
encore à cause de la répétition d'une séquence de sons
différents.

– D'abord, lisez une phrase lentement

– puis, découvrez-y les jeux articulatoires contrai-
  gnants et les jeux sonores amusants

– relisez les précisions de la page 51

– et allez-y, persévérez et vous les maîtriserez.

    – Blé brûlé. (20 fois)

    – Je veux-z-et j'exige, j'exige et je veux. (10 fois)

    – Quatre dragons gradés, quatre gradés de
      dragons. (5 fois)

53

– Quand un cordier cordant veut accorder sa
                                     [corde
Pour sa corde corder, trois cordons il accorde ;
Mais si l'un des cordons de la corde décorde
Le cordon décordé fait décorder la corde.

– Sachez que Sacha cherche ses cent six sachets
de serge chez Sancho le changeur et que le
chien du sage chasseur chasse ses chats dans les
souches sèches des sauges sauvages.

– La cavale au Valaque avala l'eau du lac, et l'eau
du lac lava la cavale au Valaque.

– J'excuse cet exquis exploit et tu excuses cet
exploit exquis.

– Tu dis que tu étudies mais tu n'étudies pas.

– Pour que chaque chasseur sache chasser,
chaque sage chasseur s'exerce à la chasse.

– Ciel ! si ceci se sait, ses soins sont sans succès.

– L'assassin sur son sein suçait son sang sans
cesse.

– Sur son passage, six chastes chérubins siciliens,
juchés sur six sièges, chuchotèrent ceci : « Salut,
sire chasseur, citoyen sage et plein d'âge, aux
yeux chassieux, au sang chaud, sois chanceux.
Sache en ce jour serein, sans chagrin, chasser,
chose aisée, ces chats sauvages cachés sous ces
chiches souches de sauge sèche. »

– Le fisc fixe exprès chaque taxe fixe excessive
exclusivement au luxe et à l'exquis.

– Passant, penses-tu passer par ce passage où,
passant, j'ai passé ? Si tu n'y penses pas, passant,
tu n'es pas sage, car en n'y passant pas, tu t'y
verras passer.

– Paragarafaramous est un original qui ne se
désoriginalisera pas tant que tous les originaux
ne se seront pas désoriginalisés. Or, les

originaux ne se désoriginaliseront jamais. Donc Paragarafaramous ne se désoriginalisera pas.

– Le grand renard rieur roux riait rarement du gros canard rieur roux qui, lui, souriait au remarquable roi de la verte forêt.

– Les chemises de l'archiduchesse sont-elles sèches ou archisèches? (5 fois)

– Dis-moi gros gras grand grain d'orge
Quand te dégros gras grand grain d'orgeras-tu?
Je me dégros gras grand grain d'orgerai,
Quand tous les gros gras grands grains d'orge
Se seront dégros gras grand grain d'orgés.

– Il faut qu'un sage garde-chasse sache chasser tous les chats qui chassent dans sa chasse.

– Le lin léger se lie le long de l'eau limpide. (5 fois)

– Didon dîna, dit-on, du dos dodu d'un dodu dindon. (5 fois)

– Que lit Lili sous ces lilas-là? Lili lit l'*Iliade.*

– Un banc peint blanc plein de pain blanc, un blanc banc peint plein de blanc pain.

– Un ange, qui songeait à changer son visage pour donner le change, se vit si changé que loin de louanger ce changement, il jugea que tous les autres anges jugeraient que jamais ange ainsi changé ne rechangerait jamais, et jamais plus ange ne songea à se changer.

– Piano Panier (10 fois) Panier Piano (10 fois)

– Petit pot de beurre, quand te dépetit pot de beurreriseras-tu? Je me dépetit pot de beurreriserai quand tous les petits pots de beurre se dépetit pot de beurreriseront.

4. Alexandrins

Un alexandrin est un vers français de 12 pieds, c'est-à-dire de 12 syllabes. Pour obtenir ces 12 syllabes, il y a des règles d'élision du « e » muet que nous verrons plus loin. Je me suis contentée ici d'encadrer ceux que l'on garde et de rayer ceux que l'on élide.

a)   Faites chaque vers en une seule expiration

L[e] ciel n'est pas plus pur qu[e] l[e] fond d[e] mon cœur. (*Phèdre* de Racine)

J[e] meurs si j[e] vous perds, mais j[e] meurs si j'attends. (*Andromaque* de Racine)

Tout m'afflig~~e~~ et m[e] nuit, et conspir~~e~~ à m[e] nuir~~e~~. (*Phèdre* de Racine)

J[e] t'aimais inconstant, qu'aurais-j[e] fait fidèl~~e~~ ? (*Andromaque* de Racine)

Je vis d[e] bonne soup~~e~~ et non d[e] beau langag~~e~~. (*Les Femmes savantes* de Molière)

N[e] pas monter bien haut peut-êtr[e], mais tout seul. (*Cyrano de Bergerac* de Rostand)

b)   Faites un vers en variant la hauteur
   - dans le grave
   - dans l'aigu
   - dans le médium

Je vous conseille de garder cet ordre qui favorise un médium un peu plus haut et d'éviter toute fabrication caricaturale de votre voix.

▷ Précisions

- Évitez de prendre trop d'air par rapport à vos besoins ; ce n'est pas si long, 12 syllabes ! Si cela vous arrive, vous aurez emmagasiné au bout de quelques vers un trop-plein d'air et vous aurez besoin d'expirer un bon coup pour vous dégonfler avant de laisser entrer l'air pour le vers suivant.

- Évitez de laisser sortir de l'air avant le premier mot de la phrase. Comme dans les exercices vocaux, le son s'émet aussitôt que l'air commence à sortir.

- Portez attention à l'attaque et à la finale, c'est-à-dire à la première syllabe et à la dernière. Trop souvent, ces syllabes sont inaudibles parce que l'acteur «démarre son moteur à énergie» sur la deuxième et même la troisième syllabe de la phrase et l'arrête sur l'avant-dernière syllabe.

- Enfin, même si vous ne respirez qu'au début du vers, faites ressortir le sens de chacun de ces vers.

5. Varions les intensités

Le matériel des exercices précédents peut être utilisé pour travailler l'intensité.

Choisissez une phrase ou un vers, puis :

a) *chuchotez*

sans serrer la gorge ni écraser le souffle dans la bouche, sans pousser ; le but n'est pas d'être entendu très loin. «Placez» vos oreilles juste à la sortie de votre bouche, tout près.

b) *murmurez*

c'est-à-dire, parlez avec le minimum de voix. Ne retenez pas le son : il sort de la bouche, il est vibrant mais d'intensité faible, et il est soutenu.

c) *parlez à peine un peu plus fort*

les vibrations de la voix sont pleines, vibrantes, même si elles ne sont pas fortes. Ne retenez pas. Soutenez.

d) *parlez à intensité de voix moyenne*

e) *parlez un peu plus fort*

f) *parlez fort*

évitez de pousser, de contracter la gorge, le larynx ou les mâchoires. Imaginez-vous large dans votre bassin, vos pieds bien plantés au sol. C'est l'intention qui grandit et qui s'intensifie, pas l'effort musculaire. Peut-être pouvez-vous vous imaginer en train de dire ces mots à un interlocuteur très loin de vous.

▷ Précision

- Tout au long de cet exercice, élargissez votre rayon d'écoute. Ce n'est pas dans vos oreilles que l'intensité de la voix doit être faible, moyennement forte, forte ou très forte, mais bien dans celles du spectateur.

6. Imaginons un public

Amusez-vous. Prenez un vers, une réplique ou un court extrait de texte et adressez-vous à une seule personne, puis à deux, à trois, à une vingtaine, à une cinquantaine, puis au public d'une grande salle.

En un deuxième temps, imaginez ce public (restreint ou large) à votre gauche, à votre droite, derrière vous, au-dessus de vous, au-dessous de vous. Ainsi, vous déplacerez votre écoute sans que vos yeux l'accompagnent.

7. Tirade en alexandrin

En ne vous souciant d'aucune ponctuation orale, dites:

1. Un vers sur une expiration
2. Deux vers sur une expiration
3. Trois vers sur une expiration

Puis autant de vers que vous le pouvez sur une expiration.

LES IMPRÉCATIONS DE CAMILLE

Rome ! / l'unique objet de mon ressentiment! /
Rome ' à qui vient ton bras d'immoler mon amant! /
Rome qui t'a vu naître, ' et que ton cœur adore ! /
Rome enfin que je hais parce qu'elle t'honore ! //
Puissent tous ses voisins, ' ensemble conjurés,'
Saper ses fondements encor mal assurés ! //
Et, si ce n'est assez de toute l'Italie, /
Que l'Orient ' contre elle ' à l'Occident s'allie ! /
Que cent peuples unis des bouts de l'univers /
Passent pour la détruire ' et les monts et les mers! //
Qu'elle-même ' sur soi renverse ses murailles '
Et de ses propres mains déchire ses entrailles! //
Que le courroux du ciel, ' allumé par mes vœux, '
Fasse pleuvoir sur elle / un déluge de feux! //
Puissé-je ' de mes yeux y voir tomber ce foudre, /
Voir ses maisons en cendre ' et tes lauriers en poudre, /
Voir le dernier Romain à son dernier soupir, /
Moi seule en être cause, / et mourir de plaisir! //

(CORNEILLE, *Horace*, acte IV, sc v)

Évidemment, le sens n'est pas respecté. Dans la parole,
en prose ou en vers, les respirations ne sont pas ainsi
systématiquement et également réparties. Les impul-
sions de respiration sont en lien avec l'organisation
intérieure des propos et des sentiments que l'on veut
véhiculer.

Reprenez ce texte et faites maintenant entendre son
sens, en «le respirant» selon les pauses que je suggère*.

8. *Lecture syllabique vocalique*

Un bon exercice pour clarifier et préciser le timbre des
voyelles est de lire une phrase en détachant les syllabes

---

* Les notations des pauses (', /,//) sont expliquées en page 81.

59

les unes des autres. Mais chaque syllabe devra se terminer sur le son-voyelle. S'il y a un son-consonne après la voyelle, on le reportera sur la syllabe suivante.

ex. : Mais – cha – qu'sy – lla – b'de – vra – s'tè – rmi – ner – su – rle – son – vo – yè – l.

[mɛ – ʃa – ksi – la – bdə – vrɑ – stɛ – rmi – ne – sy – rlə – sɔ̃ – vwa – jɛ – l]

Je veux – z – et j'exige, j'exige et je veux.

[ʒə – vɸ – ze – ʒɛ – gzi – ʒ / ʒɛ – gzi – ʒe – ʒə – vɸ]

Au début, détachez chaque syllabe par un net temps d'arrêt entre chacune. Puis, raccourcissez ce temps d'arrêt. Enfin, redites la phrase *normalement,* tout en « syllabant » *mentalement* d'une voyelle à l'autre.

9. Lecture à haute voix

Allier le plaisir de lire à votre travail de diction! La lecture à haute voix est un exercice complet: la voix, l'articulation et la diction (c'est-à-dire l'application de toutes les règles que nous verrons ci-après) y sont travaillées. C'est un entraînement essentiel pour l'acteur. Lisez de tout: des articles de journaux, de la poésie, quelques pages d'un roman, de la publicité, des dépliants, des pièces de théâtre... tout! Et lisez quotidiennement!

L'ALLONGEMENT VOCALIQUE

Dans la parole, les voyelles peuvent être brèves ou longues dépendant de diverses conditions d'allongement.

Avant d'aborder ces règles, voyons d'abord ce qu'est une syllabe. C'est une unité phonétique intermédiaire entre le phonème et le groupe de sons. Elle est formée d'au moins une voyelle et une consonne; mais il arrive parfois qu'une seule voyelle joue le rôle d'une syllabe. En français, on rencontre des syllabes ouvertes et fermées.

Syllabe ouverte qui se termine par une voyelle (un *son* voyelle)

eau, goût, blé, prix	mots de une syllabe ouverte
cadeau, égout	mots de deux syllabes ouvertes
célébrité	mot de quatre syllabes ouvertes

Syllabe fermée qui se termine par une consonne (un *son* consonne)

âme, lac, brise, prêtre	mots de une syllabe fermée
partir, surprise	mots de deux syllabes fermées
surplis, tournée	mots de une syllabe fermée et une syllabe ouverte
garage, donneur	mots de une syllabe ouverte et une syllabe fermée

1. CONSONNES ALLONGEANTES, VOYELLES ALLONGÉES

Dans une syllabe fermée, deux conditions d'allongement peuvent se présenter. Selon que cette syllabe sera accentuée (portant un accent tonique, voir page 83.) ou inaccentuée (sans accent tonique), l'allongement sera un allongement complet [:] ou un semi-allongement [•].

a)   Consonnes allongeantes en syllabe fermée

Si la syllabe est fermée par les consonnes r, z, v, ʒ,

la voyelle de cette syllabe est allongée.

N. B. Toutes les voyelles peuvent être allongées par r, z, v, ʒ.

61

Syllabe fermée accentuée	Syllabe fermée inaccentuée
je prends la tige [ʒəprᾶlati:ʒ]	je prends la tige de métal [ʒəprᾶlati·ʒdəmetal]
regarde la tour [rəgardlatu:r]	regarde la tour du château [rəgardlatu·rdyʃɑto]
j'innove [ʒinɔ:v]	innoves-tu? [inɔ·vty]
la muse [lamy:z]	la muse inconnue [lamy·zɛ̃kɔny]

N. B.: À l'intérieur d'un mot, plus la syllabe s'éloigne de l'accent tonique, moins la longueur s'entend.

| je le surprends
[ʒəlsy·rprᾶ] | je le surprends souvent
[ʒəlsyrprᾶsuvᾶ] |

b) Voyelles allongées en syllabe fermée

Les voyelles ɑ, o, ɸ et les quatre nasales ᾶ, ɛ̃, ɔ̃, œ̃ sont allongées quand elles se trouvent en syllabe fermée.

N. B.: N'importe quelle consonne peut fermer cette syllabe.

Syllabe fermée accentuée	Syllabe fermée inaccentuée
une basse	la basse ville
[ynbɑ:s]	[labɑ·svil]
une faute	une faute idiote
[ynfo:t]	[ynfo·tidjɔt]
la meute	la meute de loups
[lamø:t]	[lamø·tdəlu]
une petite manche	une manche courte
[ynpətitmɑ̃:ʃ]	[ynmɑ̃·ʃkurt]
les pinces	les pinces du crabe
[lɛpɛ̃:s]	[lɛpɛ̃·sdykrab]
une robe longue	une longue promenade
[ynrɔblɔ̃:g]	[ynlɔ̃·gprɔmnad]
je te l'emprunte	je te l'emprunte souvent
[ʃtəlɑ̃prœ̃:t]	[ʃtəlɑ̃prœ̃·tsuvɑ̃]

Prononcez tous ces exemples et entendez bien la différence de longueur. N'ayez pas peur (au début) d'exagérer un peu l'allongement des voyelles dans les syllabes accentuées pour vous assurer que ce n'est pas la consonne qui subit l'allongement (quand la consonne est prolongeable!)

ex.: [ba:s] plutôt que [basss]
     [mɑ̃:ʃ] plutôt que [mɑ̃ʃʃʃ]

2. AUTRES CONDITIONS D'ALLONGEMENT

a)   *un accent circonflexe*: la voyelle sous l'accent circonflexe est allongée et son allongement est plus long dans une syllabe accentuée que dans une syllabe inaccentuée.

la fête	[lafɛ:t]	la fête nationale	[lafɛ·tnasjɔnal]
l'alcôve	[lalko:v]	l'alcôve de Madame	[lalko·vdə madam]
le maître	[ləmɛ:tr]	le maître d'armes	[ləmɛ·trə darm]

b) *un accent d'insistance*: il y a allongement de la voyelle qui fait partie d'une syllabe portant un accent affectif.

c'est **in**croyable
[sɛtɛ̃:krwajabl]

Une variation de la hauteur vocale sur cette même voyelle accompagnera l'allongement traduisant mieux ainsi la nuance d'expression.

Appliquons les règles d'allongement dans le poème de Nérée Beauchemin, poète canadien-français du XIXe siècle.

LA MER

Loin des grands rochers noi:rs que bai:se la marée, '
La me·r calme', la me:r au murmu:re endormeu:r,/
Au la:rge, 'tout là-bas, ' len:te/ s'est retirée,//
Et son sanglot d'amou:r' dans l'ai·r du soi:r se meu:rt.//

La me·r fau:ve, ' la me·r vie:rge, ' la me·r sauva:ge,/
Au profond de son lit de nacre inviolé//
Redescend, ' pour dormi:r, ' loin, bien loin du riva:ge, '
Sous le seul rega:rd pu:r du doux ciel étoilé.//

La me:r aime le ci_el_ // : c'est pour mi_eux_ lui redi:re, '
À l'éca:rt, ' en secr_et,_ ' son imm_en_ :se tourm_ent,_/
Que la f_au_:ve amour_eu_:se, ' au l_a_:rge se reti:re, '
Dans son l_it_ de cor_ail_, d'_am_:bre et de diam_ant._//

Et la bri:se' n'app_orte_ à la te:rre jal_ou_:se'
Qu'un s_ouffle_' chuchot_eu_:r, v_ague_, délici_eux_: /
L'_â_:me des océ_ans_ / frém_it_ comme une ép_ou_:se
Sous le ch_a_ste bais_er_ des impass_i_bles ci_eux._//

LA CHUTE DU [ə]

En français, la voyelle [ə] est instable et s'élide souvent.
C'est un phénomène naturel dans le langage spontané
qui ne se manifeste pas toujours naturellement dans
une lecture à haute voix ou dans l'élocution d'un texte
théâtral. Voyons donc les règles qui régissent son élision. D'abord, pour élider judicieusement ce son, on
doit tenir compte du niveau de langue.

• le niveau soutenu :

  – où l'on maintiendra beaucoup plus de [ə]
  – où l'on fera plus de liaisons
    (ex.: poésie, tragédie grecque, tragédie clas-
    sique, conférence)

• le niveau correct :

  – où l'on élide naturellement les [ə] selon cer-
    taines règles (que nous verrons plus loin)
  – où les liaisons sont réduites de beaucoup

• le niveau familier :

  – où l'élision du [ə] entraîne parfois la chute
    de certaines consonnes qui le précèdent
    (ex.: «la tab' de salon», «prend' un liv'»)

65

- où il y a contraction de plusieurs phonèmes (ex.: «chus là!» où «chus» est une contraction de «je suis»; en France, la contraction devient «chuis là!».)
- où les liaisons ne concernent que les liaisons obligatoires de la langue.

N. B.: Chaque niveau de langue possède aussi un niveau de vocabulaire. Par exemple: familier: une baraque géniale; correct: une belle maison; soutenu: une somptueuse demeure.

Le principe de base qui sous-tend l'élision du [ə] est émis dans une règle très générale:

- la voyelle [ə] tombe chaque fois que son élision ne provoque pas la rencontre de trois consonnes (ou, plus large encore, la rencontre d'un groupe de consonnes trop difficiles à prononcer).

Mais des règles plus précises ont été tirées de l'usage spontané des locuteurs francophones et nous servent de guide. Pour les bien appliquer, il faut:

- savoir ce qu'est un groupe rythmique: c'est un groupe de mots qui se termine par un accent tonique. Dans une phrase il y a plusieurs groupes rythmiques (voir page 86).

- différencier deux types de consonnes:
les momentanées: p, t, k, b, d, g
les continues: m, n, ɲ, f, s, ʃ, v, z, ʒ, l, r

1. RÈGLES D'ÉLISION POUR LE NIVEAU DE LANGUE CORRECT

Le trait oblique sur le «e» indique son élision. Le carré entourant un «e» indique qu'on le garde et qu'il est donc prononcé. Le trait jumelé au carré sur un même « e » indique qu'on a le choix d'élider ce « e » ou de le garder et donc de le prononcer.

POSITION	RÈGLE	EXEMPLES
a) [ə] en position finale du groupe rythmique	il tombe	Mange̸ ! La table̸
	sauf quand c'est un pronom personnel	Prends-l [e]
b) [ə] en position médiane du mot ou du groupe rythmique	précédé d'une seule consonne, il tombe	Des os de̸ poulet La tabl... Sûre̸ment
	précédé de deux consonnes, il reste	Un os d [e] poulet Just [e] ment
c) [ə] en position initiale du groupe rythmique		
1er cas la syllabe initiale contient un [ə]	si la consonne est momentanée, le [ə] reste	Qu [e] dis-tu ?
	si la consonne est continue, le [ə] tombe ou reste	C e̸ n'est rien.
2e cas les deux syllabes initiales contiennent un [ə]	si les deux consonnes sont momentanées, le deuxième [ə] tombe	Qu [e] te̸ faut-il ?
	si les deux consonnes sont continues, le deuxième [ə] tombe	J [e] le̸ donne.
	si les deux consonnes sont différentes, le [ə] de la consonne continue tombe	T [e] fe̸ras-tu mal ? Ce̸ qu [e] tu dis.

exemples : N[e] me̸ pr[e]nez pas en exemple̸.

J̸e t[e] le̸ d[e]mande̸.

Il n[e] me̸ l[e] re̸dira plus !

L'autr[e] jour, j'ai dû prendr[e] l'autobus.

Il ouvr[e] la porte̸.

J[e] lui ai dit qu[e] tu le̸ r[e]passe̸rais.

J[e] lui ai dit qu[e] je̸ l[e] re̸passe̸rais.

Notons que

- il existe *quatre groupes figés*: où qu'ils soient placés dans le groupe rythmique, ils s'élident toujours de la même façon.

je ne	[ʒən]
de ne	[dən]
ce ne	[sən]
parce que	[parskə]

exemples : Qu[e] j[e] ne̸ l[e] répète̸ plus !

Dite̸s-lui d[e] ne̸ plus parler.

- il y a aussi les cas de «je me» et «je le» qui tendent à se prononcer la plupart du temps [ʒəm] et [ʒəl]: donc en accord avec la règle en position initiale et en opposition avec la règle en position médiane.

- le [ə] demeure devant un «h» aspiré*

le hareng	mais	l'homme
le héros		l'hymne

- le [ə] demeure devant les groupes [rj] et [lj]

nous serions	[nusərjɔ̃]
vous lèveriez-vous?	[vulɛvərjevu]
il n'y a pas de lien	[ilnjɑpɑdəljɛ̃]
je n'ai besoin de rien	[ʒnebəzwɛ̃dərjɛ̃]

---

* Explication du « h » aspiré en page 73.

Examinez cette réplique de Fantasio, tirée de la pièce du même nom, de Musset. J'y propose un phrasé et les élisions des [ə], suivant les règles.

FANTASIO. – C[e] monsieur qui pass̸e 'est charmant ; / r[e]-
gard̸e :/ quell̸e bell̸e culott̸e d[e] soie ! 'quell̸es bell̸es fleurs
roug̸es sur son gilet !// Ses br[e]loqu̸es d[e] montr[e] batt̸ent
sur sa pans̸e, / en opposition avec les basqu[e]s d[e] son habit '
qui voltig̸ent sur ses mollets. // J[e] suis sûr qu[e] cet homm̸e-
là a dans la têt̸e ' un millier d'idées qui m̸e sont absolument
étrangèr̸es ; / son essenc̸e lui est particulièr̸e.// Hélas ! tout c̸e
qu[e] les homm̸es s[e] dis̸ent entr̸e eux ' s[e] r[e]ssembl̸e ; /
les idées qu'ils échang̸ent ' sont presqu[e] toujours les mêm̸es
dans tout̸es leurs conversations ; // mais dans l'intérieur d[e]
tout̸es ces machin̸es isolées, / quels r[e]plis, ' quels comparti-
ments s[e]crets ! // C'est tout un mond̸e qu[e] chacun port̸e en
lui ! / un mond̸e ignoré ' qui naît et qui meurt en silenc̸e ! /
Quell̸es solitud̸es qu[e] tous ces corps humains ! //

Ces règles ne sont pas issues du code criminel! Alors rien de grave si, quelquefois, on les transgresse. L'expérience nous dit que neuf fois sur dix les règles s'appliquent. Mais une fois sur dix le cas demande réflexion. Par exemple :

montre : • ce [ə] en position finale de groupe rythmique doit être élidé.

• mais comme il n'y a pas de pause dans la phrase après ce mot, il est préférable de garder le [ə] pour éviter que son élision n'entraîne avec elle la chute du « r ».

les basques de son habit :

• deux [ə] en position médiane qui, selon la règle, devraient se prononcer : « les basqu[e]s d̸e son habit »

- je vous suggère de garder le [ə] du de et
  d'amoindrir celui de basqu⬚e⬚s par souci de clarté.

ressemble : • je vous suggère de le garder : comme ce mot
              donne tout son sens à la phrase, instinctivement
              on voudra lui donner de la valeur et, ce faisant,
              le [ə] réapparaîtra.

secret : • je suggère de le garder parce que, au Québec,
            même l'usage familier conserve le [ə] de ce mot.

2. *LE* [ə] *EN POÉSIE*

Vers régulier

Les règles sont simples :

en finale de vers : le [ə] tombe

au milieu du vers : le [ə] s'élide s'il est suivi d'une
                    voyelle

                    le [ə] reste s'il est suivi d'une con-
                    sonne et compte ainsi pour un pied

Toutefois, la réalisation phonétique de certains [ə]
maintenus dans les vers et qui tomberaient dans la
prose doit toujours être légère. Pour ce faire, on réduit
la durée du [ə] de la moitié et l'on reporte ce temps
retranché sur la voyelle qui précède, ce qui a pour effet
de l'allonger.

ex. : Mon pè:r⬚e⬚, c⬚e⬚ héros au souri:r⬚e⬚ si doux,

       Suivi d'un seul housard qu'il aimait entr⬚e⬚ tous

       Pour sa gran:d⬚e⬚ bravoure et pour sa hau:t⬚e⬚ taille,

       Parcourait à ch⬚e⬚val, l⬚e⬚ soir d'u·n⬚e⬚ bataille,

       L⬚e⬚ champ couvert d⬚e⬚ morts sur qui tombait la nuit.*

                                          (Victor HUGO)

---

* Seuls les allongements dus au maintien du [ə] sont notés.

Dans le vers libre, des règles générales sont impossibles à tirer. On décidera du maintien ou de la chute du [ə] en fonction du rythme ainsi créé dans le vers. En poésie comme en prose, on maintiendra le [ə] pour éviter la rencontre de trop nombreuses consonnes consécutives, à moins que cette rencontre se veuille un effet stylistique de l'auteur.

LA LIAISON

La liaison est la prononciation de la consonne finale d'un mot, normalement non prononcée, devant la voyelle initiale ou le « h » muet du mot suivant.

exemples: les‿amis
un grand‿homme
un‿enfant
des‿héroïnes

On distingue trois types de liaisons :

- la liaison obligatoire
- la liaison facultative
- la liaison interdite

Avant de voir les règles définissant ces types de liaisons, faisons quelques remarques qui en guideront l'application:

- D'abord les liaisons obligatoires sont maintenues à tous les niveaux de langue. Plus le niveau de langue est soutenu, plus on maintiendra les liaisons facultatives. Plus le niveau est familier, moins elles seront réalisées. *Toutefois*, la tendance actuelle est à supprimer les liaisons même dans le langage soutenu et correct : on ne conserve que les liaisons obligatoires.

71

- On évite de faire plus de deux liaisons de suite (surtout avec le même son-consonne!) de même que toute liaison désagréable à l'oreille (attention: quelquefois, on qualifie quelque chose de désagréable ou de laid seulement parce que c'est inhabituel!).

- Enfin, la réalisation articulatoire d'une consonne de liaison se doit d'être légère et précise pour éviter qu'on ne l'entende comme la consonne initiale du mot.

Exemple

le grand‿homme
ici le phonème d'attaque du 3ᵉ mot est [ɔ]

le grand Tom
ici le phonème d'attaque du 3ᵉ mot est [t]

- La plupart du temps on évite de lier d'un groupe rythmique à un autre. (voir p. 86)

L'étude complète des règles de liaisons déborde le contexte de ce guide théâtral. Toutefois, j'en donnerai ici quelques-unes qui répondront aux questions les plus fréquemment posées.

Liaison obligatoire [‿]

Les liaisons obligatoires sont rarement omises à la lecture tellement elles font partie intégrante de notre langue quotidienne.

exemples:

ton‿ami	les‿uns
ton bon‿ami	les deux‿autres
de bons‿amis	vous‿êtes
un gros‿arbre	ils‿arrivent
le second‿étage	vous‿y allez
un singulier‿ami	en‿avait-il

c'est‿impossible	très‿apprécié
il est‿évident	trop‿aimable
dans‿une armoire	pas‿amusant
sous‿une table	plus‿agile
chez‿elle	moins‿étourdi
dès‿à présent	bien‿entendu
en‿hiver	rien‿à faire

Liaison défendue [I]

–   entre un NOM SINGULIER et le mot qui suit

exemples : un enfant I étourdi
un papier I assez bon
un soldat I avance

–   entre un ADVERBE INTERROGATIF et le mot qui suit

exemples : Combien I en as-tu ?
Quand I es-tu parti ?
Comment I as-tu fait ?
(sauf dans : Comment‿allez-vous ?)

–   après la CONJONCTION « et »

exemples : lui et I elle
corps‿et I âme

–   devant un « h » aspiré

exemples : un I huron
des I harengs, etc.

N. B. : Un « h » est dit aspiré quand on agit devant ce mot comme s'il commençait par une consonne ; par opposition, le « h » est dit muet quand on agit devant le mot comme s'il commençait par une voyelle.

exemples :

le héros	l'héroïne
les I hors-d'œuvre	les‿hommes
un I hareng	un‿hommage
une I honte	une‿horloge
c'est I honteux	c'est‿honorable

73

Mais, aspiré ou muet, le « h » n'est jamais ni articulé, ni entendu. On peut vérifier sa nature (aspiré ou muet) dans le dictionnaire où l'on trouvera une notation spécifique. Par exemple, dans le Petit Robert, le « h » aspiré est noté par une apostrophe précédant la transcription phonétique. Exemple : héros ['ero].

Liaison facultative [|]

On a le choix de faire ou non la liaison

– entre un NOM PLURIEL et le mot qui suit

exemples : des enfants étourdis
les nations unies
des devoirs à finir
des lits assez grands
les soldats avancent
les pauvres attendront

– entre le VERBE et le mot qui suit

exemples : je suis imbattable
nous y sommes allés
il fait un pas
ils en ont eu assez
je vais y aller
il l'avait avec lui
il vivait encore
je vais en avoir deux
je vais écrire
vous êtes étourdis

– entre l'ADVERBE POLYSYLLABIQUE et le mot qui suit

exemples : jamais heureux
assez aimable
beaucoup à faire
tellement embarrassé
jamais assez beau

–   entre la PRÉPOSITION POLYSYLLABIQUE et le mot qui
    suit

exemples : depuis‿un an
           après‿avoir parlé
           devant‿un mur
           pendant‿une semaine

Remarque : il existe aussi des locutions figées dont la
liaison est obligatoire ou défendue, en appliquant ou
en enfreignant la règle concernée.

exemples :   de plus‿en plus   des nez | à nez
              monts‿et merveilles   pot | à eau
              accent‿aigu   pot | à tabac
              de but‿en blanc   pot | à beurre
              de haut‿en bas   une fois | et l'autre
              mot‿à mot   chaud | et froid
              nuit‿et jour   au doigt | et à l'œil
              il était‿une fois
              pot‿au lait
              pot‿aux roses
              corps‿et âme

75

II

LA TECHNIQUE AU SERVICE DE L'INTERPRÉTATION

Gina Bausson
Marie Lavallée

Vous savez désormais que, pour avoir une bonne diction, il faut avoir une bonne voix et une bonne articulation. Mais encore faut-il savoir organiser un texte dans le langage parlé. Une bonne diction dépendra donc de la façon dont on organise les mots d'une phrase (les uns par rapport aux autres), puis les phrases d'un texte (les unes par rapport aux autres) pour bien traduire la pensée de ce texte. Accent, rythme, pause, tempo, intonation et inflexion sont concernés dans cette expression de la pensée par les mots. Nous aborderons maintenant tous ces thèmes afin de rendre notre parole variée, subtile, expressive et vivante.

I. RESPIRATION

Nous avons vu la respiration comme un moyen de détente et de projection. Nous la verrons à présent comme un moyen d'expression.

- la respiration est capitale dans les attaques (ouvrir la phrase avec fermeté)

- elle évite le «chantonnement»

- elle permet de soutenir les finales (ne pas laisser tomber la voix à la fin de la phrase)

Désignons

les respirations courtes par une barre: /

et les profondes par deux barres: //

Donnez un sens à votre respiration, en expirant sur le vers, pensez intensément à la signification des mots.

DÉPART

Vraiment, / mon départ te rend triste? //
Et ton front s'en est obscurci? //
Et tu me dis que rien n'existe
Lorsque je m'en vais loin d'ici? //

79

Vraiment / ton rêve que j'enivre
Loin de moi veut s'anéantir ? //
Vraiment, // sans moi tu ne peux vivre ? //
... Alors c'est bien...// Je peux partir !

(Rosemonde GÉRARD)

Dans le texte suivant, expirez sur le mot, sur la phrase ; cela vous aidera à traduire l'accablement, la douleur profonde.

DEMAIN, DÈS L'AUBE
(Écrit après la mort tragique de sa fille)

Demain, / dès l'aube, / à l'heure où blanchit la campagne
Je partirai. // Vois-tu, / je sais que tu m'attends. //
J'irai par la forêt, / j'irai par la montagne, /
Je ne puis demeurer loin de toi plus longtemps. //

Je marcherai les yeux fixés sur mes pensées, /
Sans rien voir au dehors, / sans entendre aucun bruit, /
Seul, / inconnu, / le dos courbé, / les mains croisées, /
Triste, / et le jour pour moi sera comme la nuit. //

Je ne regarderai ni l'or du soir qui tombe, /
Ni les voiles au loin descendant vers Harfleur, /
Et quand j'arriverai, / je mettrai sur ta tombe
Un bouquet de houx vert et de bruyère en fleurs.

(Victor HUGO)

II. PONCTUATION ORALE

La ponctuation orale est un jeu savant, preuve de la compréhension du texte, ainsi que des possibilités que le jugement et l'imagination laissent à chacun. Elle est l'aération du texte sans laquelle nous sommes étouffés sous des éboulements sonores. Ponctuer, c'est établir des rapports complexes entre une idée générale et des idées relatives: une opération de l'intelligence qui situe différentes idées sur différents plans.

Il est important de noter que la ponctuation orale ne correspond pas toujours à la ponctuation écrite. De plus, la valeur «orale» de tout signe de ponctuation dépend de la nature des segments syntaxiques qu'il sépare.

On dispose de différents moyens pour ponctuer. Il y a d'abord les pauses, les variations d'inflexions et, éventuellement, les variations de tempo.

1. PAUSES

Une pause est un temps d'arrêt plus ou moins long dans le déroulement d'un énoncé. Les pauses et leur durée sont imposées généralement par le sens et les liens qui unissent les groupes de mots entre eux. Les pauses peuvent être indiquées par un signe de ponctuation. Mais, chaque ponctuation écrite ne demande pas toujours une pause, et une phrase écrite sans ponctuation ne dispense pas de la nécessité de faire des pauses.

Pour les besoins de notre travail, suggérons trois sortes de pauses:

' pause très légère	l'arrêt dans le temps est à peine perceptible : il est précédé d'un accent tonique marqué ;
/ pause légère	léger arrêt dans le temps avec ou sans respiration ;
// pause	arrêt respiratoire plus ou moins long, dépendant de l'intention, de la pensée et du sentiment.

Pour all<u>er</u> au vill<u>a</u>ge, ' en descend<u>ant</u> de mon moul<u>in,</u> / on p<u>a</u>sse devant un m<u>as</u> / bât<u>i</u> près de la r<u>ou</u>te ' au fond d'une grande c<u>ou</u>r ' plantée de micocoul<u>iers.</u> // C'est la vraie mais<u>on</u> du ménager de

Prov<u>en</u>ce // avec ses t<u>ui</u>les r<u>ou</u>ges, ' sa large faç<u>a</u>de
br<u>un</u>e ' irrégulièrement perc<u>ée</u> / puis tout en h<u>aut</u>
/ la girouette du gren<u>ier,</u> ' la poul<u>ie</u> pour hisser les
m<u>eu</u>les ' et quelques touffes de f<u>oin</u> br<u>un</u> ' qui
dép<u>a</u>ssent// ...

(Alphonse DAUDET)

Les pauses déterminent des groupes sémantiques,
c'est-à-dire des groupes de sens plus larges, en réunis-
sant plusieurs groupes rythmiques. Ainsi les pauses
créent une perspective entre les diverses composantes
d'une phrase et entre les diverses phrases composant
une idée. En effet, une idée se développe souvent sur
plusieurs phrases avant de céder le pas à une autre
idée ; la *pensée* (et pas nécessairement l'inflexion
vocale) restera donc ouverte entre ces phrases. Ainsi,
dans l'exemple qui précède, la première phrase parle
d'un mas que l'on décrira dans la deuxième phrase.

2. PONCTUER AVEC L'INFLEXION

L'incise est très souvent marquée par un abaissement de
la hauteur de la voix, surtout quand l'incise est courte
et n'exprime pas d'idée importante.

ex. : Vieillard, <u>lui dit la Mort,</u> je ne t'ai point surpris...
(La Fontaine)

Je devais, <u>ce dis-tu,</u> te donner quelques avis...
(La Fontaine)

On abaisse aussi la voix pour mettre au second plan les
propos d'une *parenthèse*.

ex. : Il prit un des tabliers de la grosse femme (<u>il était lui-</u>
<u>même assez corpulent merci</u>), se l'attacha bien comme il
faut dans le dos, puis ouvrit la porte de la glacière.
(Michel Tremblay)

Une *opposition* peut aussi être soulignée par un abaisse-ment de voix. Ainsi les propositions commençant par «mais».

ex.: Oui, si l'on s'en rapporte à ces certains savants;
Mais on n'en convient pas chez ces certaines gens.
(Molière)

III. ACCENTUATION

Qu'est-ce qu'un accent? Dans la langue parlée, un accent est la mise en relief d'une syllabe. En français, il y a deux sortes d'accents: l'accent tonique et l'accent d'insistance.

1. L'ACCENT TONIQUE

1) Il est imposé par la langue.

2) Il sert à délimiter de petits groupes de mots unis par des liens grammaticaux formant un sens et appelés groupes rythmiques.

3) Il porte sur la dernière syllabe du mot ou du groupe de mots.

4) Il se manifeste acoustiquement par une augmenta-tion de l'intensité et/ou de la hauteur et/ou de la longueur de la dernière voyelle du mot ou du groupe de mots (mais jamais sur le «e» final d'un mot même si on le garde, par exemple dans les alexandrins).

ex. : La table.
Pose ça sur la table.
La table de salon.
Nettoie surtout la table du salon.
Partez !
Partez-vous tout de suite?
Le salon de thé.

Les tableaux.

Des tableaux de Chagall.

De beaux tableaux sont accrochés aux murs.

De faux tableaux sont accrochés aux murs du salon.

De jolies estampes japonaises ornent les murs du salon de thé.

Les estampes japonaises que j'ai rapportées de mon voyage/ ornent maintenant les murs de mon salon de thé.

2. L'ACCENT D'INSISTANCE

1) Cet accent n'a aucune raison linguistique: c'est un accent d'expressivité.

2) Il donne du relief à une syllabe ou à un mot à l'intérieur d'un groupe de mots.

3) Il touche la plupart du temps la 1re ou la 2e consonne (ou toute la 1re ou la 2e syllabe) d'un mot.

4) Acoustiquement, il se manifeste aussi par une augmentation de l'intensité, de la hauteur et de la durée de la consonne et/ou de la syllabe.

> ex.: Viens **tout** de suite.
> C'était **ma**gnifique.
> J'en **de**mande une.
> J'en demande **une**.
> C'est **a**dmirable.

Cet accent est donc intimement lié aux intentions et aux sentiments du sujet parlant. Et, chose importante, il ne change en rien la place des accents toniques. On notera *rarement* tous ces accents dans un texte, l'acteur tomberait dans une mécanique répétitive. On pourra noter certains accents responsables d'une intention précise que l'on veut absolument donner à une phrase.

IV. VALEUR PLASTIQUE DES MOTS

Habiter les mots... Que les mots soient chez eux dans notre voix! Il nous faut trouver les moyens de les amener à faire partie de nous. Attardons-nous à leurs sonorités évocatrices, révélatrices, ce que nous appellerons leur «valeur plastique». À nous de les déceler et de donner la forme nécessaire à leur transcription sonore:

> «elle semble toujours faire la moue»
>
> «une grimace»
>
> «on voit fuir la fumée»
>
> «seul le silence est grand, tout le reste est faiblesse.»

Exerçons-nous avec cet extrait d'une lettre célèbre de la fameuse Madame de Sévigné écrite en 1670 à monsieur de Coulanges, au sujet du mariage de la Grande Mademoiselle:

> «Je m'en vais vous mander la chose la plus étonnante, la plus surprenante, la plus merveilleuse, la plus miraculeuse, la plus triomphante, la plus étourdissante, la plus inouïe, la plus singulière, la plus extraordinaire, la plus incroyable, la plus imprévue, la plus grande, la plus petite, la plus rare, la plus commune, la plus éclatante, la plus secrète jusqu'aujourd'hui, la plus digne...»

Cherchons le relief sonore des mots soulignés dans ce très beau poème de René Chopin:

L'APRÈS-MIDI COULEUR DE MIEL
ET FIN D'AUTOMNE

L'après-midi couleur de miel et fin d'automne
Dorlote mon amour à l'heure du couchant
Que la Parque mauvaise à lui seul abandonne.

Derrière la forêt le Soleil qui <u>descend</u>
<u>Ouvre</u> de sa <u>rougeur</u> le mont qu'il <u>illumine</u>
Et <u>crève</u> <u>brusquement</u> comme une <u>outre</u> de <u>sang</u>.

Une <u>senteur</u> d'amande et de <u>chaude</u> praline
<u>Monte</u> de l'herbe humide et des chaumes coupés ;
Mon âme, ne sois plus la prée où il <u>bruine</u>.

Par les champs <u>dépouillés</u> et de brumes <u>crêpés</u>
Le <u>long</u> <u>cri</u> <u>pluvieux</u> d'un train vers l'<u>aventure</u>
De tristesse un peu plus me laisse <u>enveloppé</u>.

Ma <u>tendre</u> <u>rêverie</u> épouse la nature
Sous la <u>caresse</u> d'or de ce jour automnal
Qui vient lui conférer sa <u>grave</u> <u>ligne</u> <u>pure</u>.

Va, mon <u>sage</u> <u>Regret</u>, vers le soir <u>amical</u>
En <u>respirer</u> l'<u>odeur</u> d'amande et de praline,
Souvenir <u>adouci</u> du <u>riche</u> été <u>floral</u>.

Mais si tu <u>vois</u>, là-bas, sur la <u>haute</u> colline
Le Soleil <u>résigné</u> qui <u>rougeoie</u> et <u>descend</u>,
Sache que c'est mon cœur qui d'amour s'<u>illumine</u>

Et <u>crève</u> <u>brusquement</u> comme une <u>outre</u> de <u>sang</u>.

(*Dominantes*, Montréal, Éd. A. Lévesque, 1933)

V. RYTHME

En français, l'accent tonique est responsable de la perception du rythme. Voyons comment.

Nous avons vu qu'un groupe rythmique est un mot ou un groupe de mots terminé par un accent tonique. Donc, le groupe rythmique est formé d'un groupe de syllabes inaccentuées terminé par une syllabe accentuée. La perception de ce retour des syllabes accentuées à intervalles plus ou moins réguliers constitue le rythme de la phrase.

Le français est une langue d'une assez grande égalité syllabique. Les syllabes sont perçues comme ayant une même intensité et une même durée, sauf les syllabes portant l'accent tonique.

ex.: Taisez-vous; / allez répondre vos impertinences ailleurs,/ et sachez que ce n'est pas à vous à juger de mon cœur par le vôtre. (Marivaux) (8 groupes rythmiques)

ex.: Le roi de Navarre // attirait le respect de tout le monde / par la grandeur de son rang ' et par celle qui paraissait en sa personne. (Madame de La Fayette) (7 groupes rythmiques)

ex.: Mais voici un trait qui vous paraîtra bien plus étrange qu'aucun autre. (Diderot) (4 groupes rythmiques)

1. GROUPES RYTHMIQUES IMPORTANTS

Parce que la clarté du propos en dépend, certains groupes rythmiques sont essentiels à souligner. Ils rendent compréhensibles à l'auditeur des constructions syntaxiques plus complexes. Ils demandent donc à être bien entendus: on les détachera du groupe rythmique précédent, ou suivant selon le cas, par une pause très légère ou légère*. Ces pauses ne seront pas nécessairement les seules ni les plus longues de la phrase.

1. Quand il y a un ou des mots éliminés par *ellipse*:

ex.: L'océan était vide et la plage / déserte. (Musset) (... et la plage était déserte: «était» est sous-entendu.)

ex.: Le chien ' fidèle à son maître / traversa le pays pour le retrouver. (Le chien qui était fidèle: «qui était» est sous-entendu.)

2. Avant une *inversion*

ex.: Telle est la loi des dieux / à mon père dictée. (Racine) (La loi des dieux dictée à mon père.)

---

* Notation des pauses, page 81.

ex.: Tant qu'elle a pu ' des cœurs attirer les hommages /
Elle a fort bien joui de tous ces avantages. (Molière)
(Tant qu'elle a pu attirer les hommages des cœurs.)

3. Pour éviter un *contresens*

ex.: Le crime fait la honte / et non pas l'échafaud.
(Corneille)
(La pause est essentielle parce qu'il faut comprendre
que ce n'est pas l'échafaud mais bien le crime qui est
honteux et qui conduit à l'échafaud; sinon on
entendrait: «Le crime ne fait pas l'échafaud.»)

ex.: Du temps que j'étais écolier, /
Je restais un soir à veiller '
Dans notre salle / solitaire. (Musset)
(C'est le personnage qui est solitaire; sans la pause on
entendrait que «la salle est solitaire».)

4. Avant *un complément lui-même complété*

ex.: La fille ' de la sœur de ma mère.
(«sœur» qui est un complément du mot «fille» a lui-
même un complément, soit «mère».)

Le craquement ' de la chaise de Florence / se mêla au
cliquetis ' des broches à tricoter de ses filles. (Michel
Tremblay)

5. Avant et après les *incises*

ex.: Est-ce donc là, ' dit-il, ' ce qu'on m'avait promis...
(La Fontaine)

Vieillard, ' lui dit la Mort, ' je ne t'ai point surpris...
(La Fontaine)

Un songe ' (me devrais-je inquiéter d'un songe?) '
Entretient dans mon cœur / un chagrin qui le ronge...
(Racine)

6. Après le *vocatif*

ex.: J'ign**o**re le proj**et** que la R**ei**ne méd**ite**,
Seign**eur**, / mais je crains t**ou**t du transp**ort** qui l'hab**ite**.
(Racine)

Monsi**eur**, / j'av**oue** que vous m'étonn**ez**. (Molière)

Nous avons manqué notre c**ou**p, Sganar**elle**, / et cette
bourr**as**que imprév**ue** ' a renvers**é** avec notre b**ar**que / le
proj**et** que nous avions f**ait**... (Molière)

7. Après un *sujet long* ou un sujet suivi d'une incidente

ex.: Mlle de Stroz**zi**, / fille du maréch**al** ' et proche par**ente**
de Catherine de Médi**cis**, / épous**a**, ' la première ann**ée**
de la régence de cette r**ei**ne, // le comte de T**en**de [...].
(Madame de La Fayette)

(Le long sujet se termine à Catherine de Médicis.)

8. Avant le 1er terme de *l'énumération*

ex.: Le l**ait** t**om**be / : adi**eu** / v**eau**, v**a**che, coch**on**, couv**ée**.
(La Fontaine)
(Le 1er terme de l'énumération est « veau ».)

2. *LE RYTHME DANS LES VERS*

« La poésie est un art du langage, dit le Petit Robert,
visant à exprimer ou à suggérer quelque chose par le
rythme (surtout le vers), l'harmonie et l'image. » Le
jeu rythmique de la poésie découle directement des
possibilités rythmiques de la langue française telles que
nous les avons vues. Découvrons la structure rythmique
de l'alexandrin à l'aide de quelques définitions.

Alexandrins	–	vers de 12 pieds
classiques	–	composé de deux membres ou hémistiches de six pieds
	–	contenant quatre éléments rythmiques terminés chacun par un accent tonique

| | — | les accents sur la sixième et la dou-zième syllabes sont fixes |
| | — | et les deux autres accents sont variables à l'intérieur de chaque hémistiche |

ex. :

Le jour n'est pas plus pur que le fond de mon cœur.
1   2   1   2   3   4   1 2   3   1   2   3

(RACINE)

Que de soins m'eût coûtés cette tête charmante.
1   2   3   1   2 3   1 2 3 1   2   3

(RACINE)

Césure
— pause à l'intérieur du vers venant à place fixe, après une syllabe obliga-toirement accentuée
— que la syntaxe doit demander ou tout au moins permettre
— elle divise le vers en deux segments que l'on nomme hémistiches

Vers romantique
— un vers de 12 pieds
— qui n'a pas d'accent rythmique sur la sixième syllabe
— il n'a généralement que 3 accents rythmiques (accents toniques)

ex. :   La mer fauve, la mer vierge, la mer sauvage,
        Au profond de son lit de nacre inviolé
        Redescend [...]

(Nérée BEAUCHEMIN)

Et quel plaisir de voir, sans masque ni visières,
À travers le chaos de nos folles misères,
Courir en souriant tes beaux vers ingénus,
Tantôt légers, tantôt boiteux, toujours pieds nus !

(MUSSET)

Enjambement	— procédé rythmique consistant à reporter sur le vers suivant un ou plusieurs mots nécessaires au sens du vers précédent
	— dans le jargon de la diction, ce mot désigne donc le fait d'enchaîner oralement la fin de ce vers avec le vers suivant.
Diérèse	— dans la diction des vers, cela signifie faire entendre la voyelle contenue dans une semi-voyelle pour tirer deux syllabes d'une seule, et ainsi obtenir le douzième pied manquant dans certains alexandrins. On n'a donc pas recours à ce procédé dans tous les mots contenant une semi-voyelle.

ex.: Oui, je sors de chez vous fort mal édifiée:
Dans toutes mes leçons j'y suis contrariée...

(MOLIÈRE)

- édifiée: normalement [edifje]
  mais ici [edifie]
- contrariée: normalement [kɔ̃trarje]
  mais ici [kɔ̃trarie]

ex.: Et la face terrestre est comme un ossuaire
Immense, cave ou plat, ou bossué par blocs

(LECONTE DE LISLE)

- ossuaire: normalement [ɔsɥɛr]
  mais ici [ɔsyɛr]
- bossué: normalement [bɔsɥe]
  mais ici [bɔsye]

La réalisation phonétique doit être subtile: il faut glisser la voyelle ajoutée ([i], [y] ou [u]) et non l'accentuer pour la faire remarquer!

91

Comme la compréhension de ces définitions n'est pas garante de la bonne diction des vers, voici quelques *conseils pratiques* pour tous ceux qui veulent goûter les plaisirs de la versification.

1° Faites bien l'élision des [ə] pour avoir 12 pieds dans chaque vers (voir les règles p. 70).

2° Privilégiez *le sens du texte* en évitant d'accentuer systématiquement et sans nuance le 6e et le 12e pied de chaque vers.

3° Évitez de faire une pause à chaque fin de vers, c'est l'erreur principale du débutant! Il faut apprendre à voir, dans les vers, le déroulement de la pensée et son organisation dans la phrase: l'enjambement nous est alors utile pour rompre la monotonie, et les pauses à l'intérieur du vers sont souhaitables quand elles servent le sens de la phrase.

4° Et comme dans tout texte, inflexions et tempo viendront préciser le phrasé et l'expression.

3. *UN MOT SUR LES INVERSIONS*

De nombreux textes classiques comportent souvent des *inversions*, c'est-à-dire des bouts de phrases déplacés pour les besoins de la rime ou du rythme du vers... Nos inflexions de voix, de légers appuis, ou de légères césures, désigneront ces «accidents» de parcours et rétabliront pour l'auditeur l'ordre syntaxique de la phrase.

Un exemple parfait se trouve dans cet extrait du *Bourgeois gentilhomme* de Molière, à la scène IV du second acte.

> M. JOURDAIN. Je voudrais donc lui mettre dans un billet: «Belle Marquise, vos beaux yeux me font mourir d'amour»; mais je voudrais que cela fût mis

d'une manière galante, que cela fût tourné gentiment.

[...]

MAÎTRE DE PHILOSOPHIE. On les peut mettre premièrement comme vous avez dit: Belle Marquise, / vos beaux yeux me font mourir d'amour. Ou bien: D'amour / mourir / me font, / belle Marquise, / vos beaux yeux. Ou bien: Vos beaux yeux / d'amour / me font, / belle Marquise, / mourir. Ou bien: Mourir / vos beaux yeux, / belle Marquise, / d'amour / me font. Ou bien: Me font / vos beaux yeux / mourir, / belle Marquise, / d'amour.

VI. INTONATIONS – INFLEXIONS

L'intonation est la variation mélodique résultant de la variation de hauteur de la voix à l'intérieur d'un énoncé. L'intonation existe sans support lexical, par exemple sur «mmm», murmure nasal émis en signe d'approbation, d'incompréhension, de léger étonnement, etc. On perçoit aussi sa forte valeur expressive sur seulement une voyelle ou une syllabe, par exemple «ah», «là», où l'inflexion et la hauteur de voix pourront traduire le plaisir, la surprise, la déception, la satisfaction. Cette même valeur expressive se fera entendre dans un patron mélodique se déroulant sur toute une phrase!

Les mouvements mélodiques d'un énoncé oral sont en nombre infini et d'une riche subtilité; impossible de les codifier tous! Nous nous attarderons plutôt aux qualités de l'intonation.

D'abord, on recherche le naturel, celui que l'on possède tous: dans la vie, personne ne parle faux. Comment faire pour le conserver ou le retrouver quand le texte à dire est très éloigné de la parole courante ou que le lieu où l'on parle est immense ? En transposant chaque phrase du texte dans des mots quotidiens tout en conservant la précision de la pensée traduite ! L'inflexion mélodique ainsi obtenue pourra être reportée sur le vers ou la phrase plus littéraire du texte, amenant avec elle la vérité intérieure du sentiment éveillé par nos propres mots.

Puis, plus l'intonation est naturelle, plus elle est variée. Les infimes inflexions traduiront les mille nuances que chaque mot éveille en nous.

Enfin, l'intonation est juste. On parle juste comme on chante juste. Cette justesse est liée à la fois à la technique et à l'expression des différents sentiments, états et émotions.

Prenons un mot très simple : « Bonjour » par exemple. Disons-le dans des situations, des intentions différentes, en faisant appel à des personnages différents.

Continuons avec des phrases.

Exemples : « Tu veux savoir ce qu'il m'a dit ? »
(« Tu veux savoir... c'est ça, hein ?... »)
(« Tu veux savoir... eh bien, je n'ai pas l'intention de te le dire !... ») ou :
(« J'insiste, tu n'oses pas me le demander, mais dans le fond, tu veux savoir... »)
« Qu'est-ce que je pourrais bien faire ? »
(... pour passer le temps) ou :
(... pour les embêter) ou :
(... je m'ennuie !) ou :
(... quelle solution je pourrais trouver ?) ou :
(... je n'en sais vraiment rien !)

Cette recherche des intonations est un jeu passionnant, surtout en groupe...

a) Il faut que j'y aille   avec curiosité et enthousiasme
Il faut que j'y aille   en situation d'urgence

Il faut que j'y aille	on vous l'interdit, et vous suppliez
Il faut que j'y aille	vous devez partir mais vous n'en avez pas envie
Il faut que j'y aille	affirmation ferme ne supportant pas de réplique
Il faut que j'y aille	question remplie de crainte
Il faut que j'y aille	surpris et mécontent
Il faut que j'y aille	surpris et heureux

b) et essayez avec «Il n'y a plus rien à faire»

«Je ne pensais pas que vous viendriez»

et essayez avec étonnement, doute, colère, etc.

avec une circonstance bien précise en tête

et vérifiez si les camarades perçoivent bien ce que vous croyez exprimer.

VII. TEMPO

Le tempo est la vitesse à laquelle sont émis les mots d'une phrase, d'un texte. Les égrener à une vitesse constante tout au long d'un récit ou d'une tirade ennuiera l'auditeur: un passage complet dans une cadence lente ou dans une cadence rapide capte tout aussi peu l'intérêt. On se souciera donc de varier le tempo.

La rapidité du débit dépend du sens de la phrase (ou même des segments d'une phrase). Elle dépend aussi des circonstances où cette phrase est dite: les sentiments plus vifs ou plus pondérés et les intentions recherchées lui imprimeront une allure plus rapide ou plus lente et des passages de l'une à l'autre. L'analyse de la construction de l'idée et des sentiments qui la sous-tendent nous guidera dans ce travail. Dans l'exemple suivant, les deux premiers vers pourraient se dire lentement et les deux autres, plus rapidement.

ex.: Un mort s'en allait tristement
S'emparer de son dernier gîte.
Un curé s'en allait gaîment
Enterrer ce mort au plus vite.

(LA FONTAINE)

SOUPLESSE ET PRÉCISION

Nous pourrons faire le test de notre AGILITÉ avec les textes suivants qui exigent un débit léger, lié à une grande précision:

LE CHANT DE L'EAU

L'entendez-vous, l'entendez-vous
Le menu flot sur les cailloux? /
  Il passe et court et glisse
Et doucement dédie aux branches
  Qui sur son cours se penchent
    Sa chanson lisse... /
Le petit bois de cornouillers
Et tous ses hôtes familiers
Et les putois et les fouines
Et les souris et les mulots
    Écoutent
Loin des sentes et loin des routes
Le bruit de l'eau... /

  Pluie aux gouttes rondes et claires
  Bulles de joie et de lumière,
Le sinueux ruisseau gaîment vous fait accueil /
  Car tout l'automne en deuil
Le jonche en vain de mousse et de feuilles tombées /
Son flot rechante au long des berges recourbées,
  Parmi les prés, parmi les bois ; /

  Chaque caillou que le courant remue
    Fait entendre sa voix menue
      Comme autrefois... /

(Émile VERHAEREN)

LE BONHEUR

Le bonheur est dans le pré. Cours-y vite, cours-y vite. Le
   bonheur est dans le pré. Cours-y vite. Il va filer. /
Si tu veux le rattraper, cours-y vite, cours-y vite.
Si tu veux le rattraper, cours-y vite. Il va filer. /
Dans l'ache et le serpolet, cours-y vite, cours-y vite, dans
   l'ache et le serpolet, cours-y vite.
   Il va filer. /
Sur les cornes du bélier, cours-y vite, cours-y vite, sur les
   cornes du bélier, cours-y vite.
   Il va filer. /
Sur le flot du sourcelet, cours-y vite, cours-y vite, sur le flot
   du sourcelet, cours-y vite.
   Il va filer. /
De pommier en cerisier, cours-y vite, cours-y vite, de pommier
   en cerisier, cours-y vite.
   Il va filer.
Saute par dessus la haie, cours-y vite, cours-y vite, saute par
   dessus la haie, cours-y vite. // Il a filé.

(Paul FORT, *Ballades françaises*, Flammarion)

Nous avons supprimé la ponctuation dans le texte suivant. Vous pourrez la rétablir vous-même.

MON RÊVE FAMILIER

Je fais souvent ce rêve étrange et pénétrant
D'une femme inconnue et que j'aime et qui m'aime
Et qui n'est chaque fois ni tout à fait la même
Ni tout à fait une autre et m'aime et me comprend

Car elle me comprend et mon cœur transparent
Pour elle seule hélas cesse d'être un problème
Pour elle seule et les moiteurs de mon front blême
Elle seule les sait rafraîchir en pleurant

Est-elle brune blonde ou rousse je l'ignore
Son nom je me souviens qu'il est doux et sonore
Comme ceux des aimés que la vie exila

Son regard est pareil au regard des statues
Et pour sa voix lointaine et calme et grave elle a
L'inflexion des voix chères qui se sont tues.

(VERLAINE)

Et si vous ne manquez pas d'audace, eh bien, courez après votre voleur! Faites un découpage du texte suivant, tiré de la scène VII du quatrième acte de *L'Avare*, de telle sorte que le rythme respiratoire suive tantôt les interrogations nerveuses, angoissées d'Harpagon, tantôt ses lamentations, tantôt sa rage:

«Au voleur! Au voleur! à l'assassin! au meurtrier! Justice, juste ciel! je suis perdu, je suis assassiné, on m'a coupé la gorge, on m'a dérobé mon argent. // Qui peut-ce être? / Qu'est-il devenu? / Où est-il? / Où se cache-t-il? / Que ferai-je pour le trouver? / Où courir? / Où ne pas courir? / N'est-il point là? / N'est-il point ici? / Qui est-ce? / Arrête. Rends moi mon argent, coquin... // Ah ! c'est moi. / Mon esprit est troublé, et j'ignore où je suis, qui je suis, et ce que je fais. // Hélas! mon pauvre argent, / mon pauvre argent, / mon cher ami! / on m'a privé de toi; / et puisque tu m'es enlevé, / j'ai perdu mon support, / ma consolation, / ma joie; / tout est fini pour moi, / et je n'ai plus que faire au monde: sans toi, il m'est impossible de vivre. C'en est fait, je n'en puis plus, / je me meurs. / Je suis mort, / je suis enterré... // N'y a-t-il personne qui veuille me ressusciter, /en me rendant mon cher argent, /ou en m'apprenant qui l'a pris?/ Euh? que dites-vous? / Ce n'est personne. // Il faut, qui que ce soit qui ait fait le coup, qu'avec beaucoup de soins on ait épié l'heure; / et l'on a choisi justement le temps que je parlais à mon traître de fils. // Sortons. /Je veux aller quérir la justice, / et faire donner la question à toute la maison / : à servantes, /à valets, / à fils, /à fille, /et à moi aussi. // Que de gens assemblés! // Je ne jette mes regards sur personne qui ne me donne des soupçons, / et tout me semble mon voleur./ Eh! de quoi est-ce qu'on parle là? /De celui qui m'a dérobé? /Quel bruit fait-on là-haut? /Est-ce mon voleur qui y est? /De grâce, si l'on sait des nouvelles de mon voleur, /je supplie que l'on m'en dise./ N'est-il point caché parmi vous? //Ils me regardent tous, /et se mettent à rire. Vous verrez qu'ils ont part sans doute au vol que l'on m'a fait. //Allons, /vite, /des commissaires, /des archers, /des prévôts,/ des juges, /des gênes,/ des potences /et des bourreaux. /Je veux faire prendre tout le monde ; /et si je ne retrouve mon argent,/ je me pendrai moi-même après. »

(MOLIÈRE)

Les signes pour indiquer de possibles arrêts sont bien entendu des suggestions... pour vous rappeler surtout de ne pas courir... après le texte !

VIII. DYNAMISATION

Elle est comme une flamme en activité au centre du corps (plexus solaire) :

> Centre du corps statique : inertie.
> Centre du corps dynamique : vie et expression.

La respiration et la phonation activent nos énergies. La DYNAMISATION INTÉRIEURE donnera présence et vitalité à notre voix. Nourrie à cette forge intérieure, elle prend toute sa plénitude. Elle y puise nos émotions, nos sensations profondes pour faire affleurer le sentiment :

Ainsi par les images qui habitent cette «Chanson», nous essaierons de faire jaillir de nous l'ÉMERVEILLEMENT :

CHANSON

J'ai fait mon ciel d'un nuage,
Et ma forêt d'un roseau.
J'ai fait mon plus long voyage
Sur une herbe d'un ruisseau.

D'un peu de ciment : la ville,
D'une flaque d'eau : la mer,
D'un caillou, j'ai fait mon île,
D'un glaçon, j'ai fait l'hiver.

Et chacun de vos silences
Est un adieu sans retour.
Un moment d'indifférence,
Toute une peine d'amour.

C'est ainsi que lorsque j'ose
Offrir à votre beauté une rose,
En cette rose,
Sont tous les jardins d'été.

(Gilles VIGNEAULT)

Au plus intime de nous, les mots qui expriment ce très bel éveil de la SENSUALITÉ :

L'ARBRE

Je me suis dévêtue pour monter à un arbre ; mes cuisses nues embrassaient l'écorce lisse et humide ; mes sandales marchaient sur les branches. Tout en haut, mais encore sous les feuilles et à l'ombre de la chaleur, je me suis mise à cheval sur une fourche écartée en balançant mes pieds dans le vide. Il avait plu. Des gouttes tombaient et coulaient sur ma peau. Mes mains étaient tachées de mousse, et mes orteils étaient rouges, à cause des fleurs écrasées. Je sentais le bel arbre vivre quand le vent passait au travers ; alors je serrais mes jambes davantage et j'appliquais mes lèvres ouvertes sur la nuque chevelue d'un rameau.

(Pierre LOUŸS, *Les Chansons de Bilitis*)

Les textes les plus simples sont souvent les plus difficiles, notamment les textes de descriptions. Il faut aimer les mots, voir les images... s'y attarder.

SANS BRUIT

Les fleurs, les herbes,
les fruits, les arbres,
et le silence réfléchi
des choses voulues
de très loin...
Prête l'oreille
aux insectes du soleil !
Attendris-toi pour une fleur
qui garde le silence.
Personne ne te connaît si bien
que la fleur où tu te penches
sans songer que le jardin te regarde.
La pluie des vieux mots
où tout est à recommencer
efface mes feuillages
de ses refrains embués.
Les gouttes à gouttes de pluie
gardent-elles des noms de fleurs pour s'attendrir...
et dans leur long voyage lent
ont-elles des images de fleuve
à se faire pardonner !
Les gouttes à gouttes de pluie
ont-elles laissé ce soir s'échapper
les images de leurs grands yeux
à force de tant savoir d'histoires
et de n'en rien dire à tous les vents
ont-elles aussi dans leur négligence
perdu la goutte de mon passé.
Un très vieux jardin
où il pleut de très loin
tout entier contenu
dans le creux de ma main.

(Pierre PERRAULT, *Chouennes*, poèmes 1961-1971,
Montréal, Hexagone, 1975.)

Le texte suivant requiert un grand NATUREL, une grande simplicité.

> *Nel mezzo del cammin' di nostra vita...* «Au milieu du chemin de la vie... » Ce vers, par lequel Dante commence le premier cantique de la *Divine Comédie*, me vient à la pensée, ce soir, pour la centième fois peut-être. Mais c'est la première fois qu'il me touche.
>
> C'est qu'à ce coup, j'en puis faire l'application à moi-même. Je suis, à mon tour, au point où fut Dante quand le vieux soleil marqua la première année du XIVe siècle. Je suis au milieu du chemin de la vie, à supposer ce chemin égal pour tous et menant à la vieillesse.
>
> Mon Dieu! Je savais, il y a vingt ans, qu'il faudrait en arriver là! Je le savais, mais je ne le sentais pas. Je me souciais alors du milieu de la vie comme de la route de Chicago... Demain! Il fut un temps où ce mot contenait la plus belle des magies. J'aimais tant la vie, alors! Je ne l'accuse pas. En retour de ce qu'elle m'a pris ou refusé, elle m'a donné des trésors auprès desquels tout ce que je désirais n'était que cendre et fumée. [...] Non! Je n'ai plus confiance en mon ancienne amie la vie. Mais je l'aime encore. Tant que je verrai son divin rayon briller sur les fronts que j'aime, je dirai qu'elle est belle et je la bénirai.

Anatole FRANCE, Le Livre de mon ami

Quelquefois notre imagination nous aidera à trouver le «ton juste». Ainsi pour le texte suivant, imaginons trois tableaux accrochés au mur et transformons-nous en conférenciers ou en professeurs. Notons au passage comme ce texte, cent ans plus tard, est brûlant d'actualité!

LE TITAN

Premier tableau : La terre heureuse

Jadis la terre était heureuse ; elle était libre.
Et donnant l'équité pour base à l'équilibre,
Elle avait ses grands fils, les géants ; ses petits,
Les hommes ; et tremblants, cachés, honteux, blottis
Dans les antres, n'osant nuire à la créature,
Les fléaux avaient peur de la sainte nature ;
L'étang était sans peste et la mer sans autans ;
Tout était beauté, fête, amour, blancheur, printemps.

Deuxième tableau :   La terre qui sombre

La terre est aujourd'hui comme un radeau qui sombre.
Les Dieux, ces parvenus, règnent, et, seuls, debout,
Composent leur grandeur de la chute de tout.
Leur banquet resplendit sur la terre et l'affame,
Ils dévorent l'amour, l'âme, la chair, la femme,
Le bien, le mal, le faux, le vrai, l'immensité.
Ils sont l hideux au fond de la sérénité.

Troisième tableau :   L'homme a peur...

Et les hommes ? Que font les hommes ? Ils frissonnent.
Les clairons dans les camps et dans les temples sonnent,
L'encens et les bûchers fument, et le destin
Du fond de l'ombre immense écrase tout, lointain ;
Et les blêmes vivants passent, larves, pygmées ;
Ils regardent l'Olympe à travers les fumées,
Et se taisent, sachant que le sort est sur eux,
D'autant plus éblouis qu'ils sont plus ténébreux ;
Leur seule volonté, c'est de ne pas comprendre ;
Ils acceptent tout, vie et tombeau, flamme et cendre,
Tout ce que font les rois, tout ce que les dieux font,
Tant le frémissement des âmes est profond !

(Victor HUGO)

III
L'EXPRESSION LIBÉRÉE PAR LA TECHNIQUE

Gina Bausson

LE TRAVAIL D'INTERPRÉTATION

Grâce aux notions que nous avons acquises et que nous avons de plus en plus intégrées, nous sommes confiants. La perspective de dire un texte, loin de nous figer, devrait nous apparaître comme la promesse d'un moment délectable, la perspective de belles découvertes ! Bien sûr, il reste encore bien des étapes à franchir mais la machine est en marche et nos facultés d'ATTENTION, de JUGEMENT, d'IMAGINATION, de MÉMOIRE, de SENSIBILITÉ, éveillées, puis libérées, sont assez actives pour nous laisser entrevoir quelques satisfactions !

Découvrir la pensée de l'auteur, tel est le premier et passionnant travail d'analyse qui est celui de l'interprète. Il y apportera son propre tempérament. Et c'est de cette fusion de sa compréhension profonde du texte et de sa personnalité que naîtra le personnage.

«LE DIEU EST VENU...» disait le grand tragédien Mounet-Sully.

Le «Dieu», c'est cette rencontre mystérieuse, ce «quelque chose» d'indispensable qui a lieu en nous.

Mais pour que ce «quelque chose» arrive, il faut l'avoir voulu. Il faut avoir exploré, cherché, compris, appris, pour que les mécanismes déclenchent les réflexes qui font que «tout» arrive naturellement, comme si on improvisait...

1. RESPIRER LES MOTS

Je vous propose un exemple faisant appel à la déclaration d'Agathe à son mari, dans la scène VI du deuxième acte d'*Électre* de Jean Giraudoux: «Je te hais !»

Quelle peut être la nature de ce sentiment? Si vous optez pour «une grande lassitude»!, alors, *respirez* comme si vous disiez: «J'en ai assez de jouer la comédie de la bonne épouse! alors j'en arrive à ceci»: «Je te hais!»

Si vous pensez que ce qui domine, c'est le dégoût qu'elle a de ce vieux mari, alors, *respirez* et *expirez* comme si vous disiez «J'en ai assez d'être obligée de supporter de voir tous les jours un vieux laid comme toi!»: «Je te hais!»

Si enfin, vous pensez qu'en osant faire cette déclaration publique, Agathe se vide le cœur, alors, inspirez-expirez voluptueusement: «Je me libère de tout ce que j'ai eu à subir de cette union qui n'était pas faite pour moi!»: «Je te hais!»

Peut-être... les trois: lassitude, dégoût, libération!

Oubliez les mots pour vivre...

2. L'INTENTION

Voici quelques moyens qui se sont toujours avérés efficaces dans cette recherche capitale de l'intention, qui, en passant par les mots, va au-delà des mots.

a) ANALYSE: Fixer par écrit (on peut le faire oralement) notre analyse du personnage, son comportement, son habillement, sa manière de parler, de regarder... Cela nous donnera des indices utiles pour notre interprétation.

b) SUBSTITUTION : Dans le cas où le langage, le vocabulaire employés sont éloignés de notre propre langage, il convient de comprendre d'abord parfaitement le texte (avec l'aide du dictionnaire, du professeur ou de quelqu'un de l'entourage).

Ensuite, nous REMPLACERONS PROVISOIREMENT par nos propres mots ce qui nous embarrasse dans le texte. En quelque sorte, nous «traduirons» l'idée dans notre propre vocabulaire. Remarquons alors nos inflexions de voix et reproduisons-les ensuite aussi fidèlement que possible avec le texte original.

En exemple, le rôle de Philinte dans *Le Misanthrope*, scène I, premier acte :

Mon Dieu, des mœurs du temps mettons-nous
                            [moins en peine,
(ne prenons pas trop à cœur nos façons de vivre aujourd'hui)

Et faisons un peu grâce à la nature humaine ;
(et soyons tolérants pour la nature humaine)

Ne l'examinons point dans la grande rigueur,
(ne la jugeons pas trop sévèrement)

Et voyons ses défauts avec quelque douceur.
(et voyons ses défauts avec un peu d'indulgence)

Il faut, parmi le monde, une vertu traitable ;
(pour vivre en société, il faut se montrer accommodant)

À force de sagesse on peut être blâmable ;
(on peut nous reprocher d'aller trop loin dans la sagesse)

La parfaite raison fuit toute extrémité,
(l'équilibre n'est pas dans les extrêmes)

Et veut que l'on soit sage avec sobriété.
(et veut une sagesse discrète)

Cette grande raideur des vertus des vieux âges
(les principes rigides d'autrefois)

Heurte trop notre siècle et les communs usages.
(choquent notre époque et sont en désaccord avec notre façon de vivre)

                            (MOLIÈRE)

c) LES SOUS-ENTENDUS. Il s'agit d'ajouter provisoirement, avant ou après la phrase, un mot, une expression qui viendront appuyer l'idée émise par l'auteur. Le texte suivant va nous permettre d'illustrer ce propos:

À UNE FEMME DÉTESTÉE

(Voulez-vous savoir...)
Combien je vous déteste? Et combien je vous fuis?

(Je ne devrais pas avoir de raison... en effet...)
Vous êtes pourtant belle et très noble d'allure.

(Et savez-vous, je pense que... ce sont...)
Les Séraphins *(qui)* ont fait votre ample chevelure
Et vos regards couleur du charme brun des nuits.

(Mais voilà, je vais vous le dire...)
Depuis que vous m'avez froissé,
Jamais depuis n'ai-je pu tempérer cette intime brûlure.

(Vous l'ignorez peut-être, mais...)
Vous m'avez fait souffrir, volage créature,

(et dans un moment particulièrement difficile...)
Pendant qu'en moi grondait le volcan des ennuis.

(Voilà ce que nous sommes...)
Moi, sans amour jamais, qu'un amour d'art, madame.
Et vous, indifférente et qui n'avez pas d'âme.

(Alors, si je peux formuler un souhait...)
Vieillissons tous les deux pour ne jamais se voir.

(Désormais)
Je ne dois pas courber mon front devant vos charmes,

(Je le sais mais...)
Seulement, seulement expliquez-moi ce soir
Cette tristesse au cœur qui me cause des larmes.

(Émile NELLIGAN)

d) JOUER D'ABORD LE TEXTE, ASSIS, SANS BOUGER.

Effectivement, sans mouvements de la tête, sans gestes, sans déplacements, toute l'ÉNERGIE est CANALISÉE dans la VOIX, toutes les intentions passent verbalement. Essayez de travailler ainsi le plus souvent possible, dans une immobilité totale (mais sans raideur). Défendez-vous de faire le moindre mouvement et prenez conscience du trajet de la pensée à l'expression verbale.

▷ MISE EN GARDE:
Immobilité ne veut pas dire inertie.

Vous devez sentir votre corps vivre, même s'il n'est pas en mouvement.

Cette gymnastique de l'esprit, exercée à l'aide de textes, poèmes, rôles, nous rendra de plus en plus habiles à SENTIR, à PRESSENTIR, à DEVINER ce que nous lisons, et à donner l'impression que nous inventons le texte. Ensuite, la mémoire intervenant, il coulera de notre bouche comme s'il naissait de notre pensée... CRÉER, c'est cela... pour l'interprète... un peu comme le pianiste devine et sent les sons sous ses doigts qui ont oublié le travail pour laisser place à l'inspiration, cette sensation magique d'INVENTER.

SUGGESTIONS DE TEXTES

1. *LE MONOLOGUE* (scène à un seul personnage)

– il peut être explicatif:
  • Monologue de SOSIE: *Amphitryon* de MOLIÈRE
  • Monologue du JARDINIER: *Électre* de Jean GIRAUDOUX
  • Prologue: *Antigone* de Jean ANOUILH

111

- il analyse un état d'âme : *En pièces détachées* de Michel TREMBLAY
- il est dialogue intérieur : *Anna la bonne* de Jean COCTEAU
- il est dialogue
  - avec un personnage invisible : *La Voix humaine* de Jean COCTEAU
  - avec plusieurs personnages imaginaires : *Bobosse* d'André ROUSSIN
  - avec un personnage muet : *Le Bel Indifférent* de Jean COCTEAU

Pour le jeu des mots et des rythmes, pour la virtuosité qu'il exige, le Monologue de M. Diable (H. PICHETTE) fera appel à toute notre technique. (Voir *Le Livre d'or de la poésie française*, éd. Pierre Seghers, T. 2, p. 185.)

2. *LA TIRADE*

La *tirade* se différencie du monologue par le fait que le jeu n'y intervient pas autant. La tirade est comme un énoncé d'idées, de sentiments exprimés, de récits, de présentation de personnages.

Elle peut être en prose, comme l'illustre l'exemple ci-après, tiré de la scène III du cinquième acte du *Mariage de Figaro* :

> FIGARO. Parce que vous êtes un grand seigneur, vous vous croyez un grand génie ! ... Noblesse, fortune, un rang, des places : tout cela rend si fier ! Qu'avez-vous fait pour tant de biens ! Vous vous êtes donné la peine de naître, et rien de plus ; ... tandis que moi, morbleu ! perdu dans la foule obscure, il m'a fallu déployer plus de science et de calculs pour subsister seulement, qu'on n'en a mis depuis cent ans à gouverner toutes les Espagnes...
>
> (BEAUMARCHAIS)

La Tirade peut aussi être en vers, comme dans ce passage de la scène II du premier acte de *Ruy Blas* :

DON CÉSAR DE BAZAN.

Oh ! je comprends qu'on vole, et qu'on tue,

[et qu'on pille,

Que par une nuit noire on force une bastille,
D'assaut, la hache au poing, avec cent flibustiers ;
Qu'on égorge estafiers, geôliers et guichetiers,
Tous taillant et hurlant, en bandits que nous sommes,
Œil pour œil, dent pour dent, c'est bien ! hommes

[contre hommes !

(dans l'âme du bandit transparaît soudain la noblesse du cœur, donc changement de ton)

Mais doucement détruire une femme ! et creuser
Sous ses pieds une trappe ! et contre elle abuser,
Qui sait ? de son humeur peut-être I hasardeuse !
Prendre ce pauvre oiseau dans quelque glu hideuse !
Oh ! plutôt qu'arriver jusqu'à ce déshonneur,
Plutôt qu'être, à ce prix, un riche et haut seigneur,
— Et je le dis ici pour Dieu qui voit mon âme, –
J'aimerais mieux, plutôt qu'être à ce point infâme,
Vil, odieux, pervers, misérable et flétri,
Qu'un chien rongeât mon crâne au pied du pilori !

(Victor HUGO)

Ampleur, panache, envolées lyriques, Gérard Depardieu a eu le grand mérite de faire connaître au public d'aujourd'hui cet étonnant personnage, ce héros... Cyrano, né de la plume d'Edmond Rostand en 1897. Quel exercice sans pareil que la tirade des « Nez » (acte I, scène IV), où le personnage donne lui-même les indications d'intonations ! *L'Aiglon*, du même auteur, est rempli de tirades glorieuses !

La *TRAGÉDIE* offre des tirades où nous attend le travail le plus exigeant : une diction précise, noble, élégante, une bonne utilisation du souffle liée à une grande intelligence du texte, une attitude intérieure d'une grande dignité.... Nous trouverons dans *Le Cid* de Corneille les « stances » de Rodrigue, acte I, scène VI et dans *Horace*, acte IV, scène V (voir page 59 de ce livre) la courte mais combien difficile tirade de Camille.

Peut-être trouverons-nous plus d'émotion avec Racine, ce peintre des grands sentiments. Nous aurons l'embarras du choix des tirades, et nous les découvrirons facilement en lisant *Andromaque, Britannicus* ou *Bérénice...*

Le ton mi-classique mi-moderne de Jean Giraudoux fera appel à d'autres interrogations. *La Folle de Chaillot* est parsemée de tirades, entre autres celle d'Irma, très intéressante.

La conclusion de la pièce policière de Robert Thomas, *Huit femmes*, est une tirade qui va de la joie à la moquerie, en passant par l'agressivité et le désespoir. Elle est très intéressante à travailler.

3. *LA POÉSIE*

S'il est vrai qu'il y a quelque chose de musical dans la poésie (tout comme dans les alexandrins en tragédie), ce n'est pas une raison pour « chanter », pour adopter le ton ronronnant qui a rendu bien des gens réfractaires à cette forme d'art. Rapprochez-vous du sens des mots, exprimez-les comme si vous parliez à quelqu'un le plus naturellement possible. C'est la signification, le sentiment qui doivent vous importer... Le poète est là, dans les mots qu'il a choisis, et cela paraîtra toujours si vous avez su le rejoindre... en le comprenant.

Voici quelques suggestions :

- *La Mort du loup* (Alfred de Vigny) :
  description poétique et douloureuse

- *Les Pauvres Gens* (Victor Hugo) :
  peinture émouvante d'états d'âme

- *Le Hareng-saur* (Charles Cros) et
  Monsieur (Jean Tardieu) :
  imagination dans la fantaisie

- *Le Clown* (Théodore de Banville) :
  envolée poétique d'une grande difficulté

Et, bien sûr, de véritables petites scènes de théâtre à plusieurs personnages :

Les *Fables* de La Fontaine, dont nous choisirons les plus appropriées :

- *Les Animaux malades de la peste*
- *La Jeune Veuve*
- *La Laitière et le pot au lait*
- *Le Lièvre et la tortue*
- *Le Corbeau et le renard*
- *La Cigale et la fourmi*
- *Le Laboureur et ses enfants*
- *Les Deux Amis*
- *Le Chêne et le roseau*

▷ MISE EN GARDE :

Ne jamais contrefaire sa voix pour imiter les animaux. N'oublions pas que c'est nous qui sommes présentés sous leurs traits... Le ton, le rythme accordés à chacun des personnages les identifieront et les différencieront les uns des autres.

4. LE THÉÂTRE : ÉCOUTER, EXPRIMER, CONVAINCRE

À chaque texte lu, nous accolerons une étiquette qui traduira le sentiment général qui doit nous guider dans son interprétation. Il conviendra ensuite de suivre cette directive sans «décrocher».

LE RÉALISME

Vois-tu, un homme ordinaire te donnerait juste de la passion dans ses baisers. C'est pas mal, la passion.

(Ti-Coq, de Gratien GÉLINAS)

LA DÉNONCIATION

Regarde, papa, regarde tout ce qu'il y a autour de nous autres. Regarde les meubles, les murs, la maison : c'est laid, c'est vieux, c'est une maison d'ennui. Ça fait trente ans que tu vis dans les mêmes chambres, dans la même cuisine, dans le même living-room. Trente ans que tu payes le loyer mois après mois. T'as pas réussi à être propriétaire de ta propre maison en trente ans. T'es toujours resté ce que t'étais : un p'tit employé de Compagnie qui reçoit une augmentation à tous les cinq ans. T'as rien donné à ta femme, t'as rien donné à tes enfants que le strict nécessaire. Jamais de plaisirs, jamais de joies en dehors de la vie de chaque jour. Seulement Pierre qui a eu la chance de s'instruire ; c'est lui qui le méritait le moins. Les autres, après la p'tite école, c'était le travail ; la même vie que tu as eue qui les attendait. Ils se sont mariés à des filles de rien pour aller s'installer dans des maisons comme celle-là, grises, pauvres, des maisons d'ennui. Et moi aussi, ça va être la même chose si je me laisse faire, tu comprends, papa ! Je vaux mieux que ça. Je veux pas d'un homme qui va se laisser bafouer toute sa vie, qui fera jamais de progrès, sous prétexte qu'il est honnête ; ça vaut pas la peine d'être honnête si c'est tout ce qu'on en tire...

(Florence, de Marcel DUBÉ)

116

LA COLÈRE

Je me sacre de mes dettes, je me sacre de tout le monde... Mais lui, lui le père, avec son grand visage de chien battu... Y'a quelqu'un qui a triché quelque part, y'a quelqu'un qui fait que la vie maltraite toujours les mêmes! Y'a quelqu'un qui a mêlé les cartes, Émile, va falloir le battre à mort, Émile... ça fait assez longtemps que je le cherche! Je vais le trouver! J'en ai assez de traîner l'enfer derrière moi.

(*Un simple soldat*, de Marcel DUBÉ)

L'ANGOISSE DE VIVRE

(Ex.: Le rôle de Jean dans *La Soif et la faim* d'Eugène Ionesco; et *Hamlet* de Shakespeare, acte III, scène I.)

L'ÉVOCATION, *ou emprise du passé*

ANNE. — Oh, Célia... as-tu déjà tout oublié? As-tu oublié l'époque où on commençait à enseigner, toutes les trois? Quand on arrivait en courant, ici, à trois heures, en jacassant comme des pies en nous poussant comme des petites filles? On s'installait, ici, à table, pis maman nous servait de sa fameuse tarte aux Corn Flakes... J'entends encore l'eau qui bout dans le « canard » comme disait maman... As-tu oublié ça, Célia? Pis maman qui se mourait de nous entendre raconter c'qu'y s'était passé à l'école... On s'assoyait autour de la table, toutes les quatre, en se mourant de rire! on racontait tout c'qu'y se passait à l'école, pis maman voulait pas en croire ses oreilles... A disait que tout le monde était après virer fou! Rappelle-toi, Célia, rappelle-toi de la fois que j'y ai conté que la p'tite Raymonde L'Heureux arrivait tout essoufflée à la cafétéria pis qu'à se mettait à commander son dîner en chantant du plus fort qu'a pouvait: Une sandwich au beurre de peanuts, lon-laire, une sandwich au beurre de

117

peanuts lon-gai! A s'époumonait la pauv'p'tite fille pis a venait rouge comme une betterave! As-tu oublié tout ça, Célia?

(*Et mademoiselle Roberge boit un peu,* de Paul ZINDEL, traduction: Michel TREMBLAY)

L'ÉMERVEILLEMENT, PUIS LE REGRET DE L'ABSENCE D'ÉMERVEILLEMENT

J'avais jamais rien vu de si beau. Jamais. C'tait rouge, pis jaune, pis vert, dans le ciel... Pis ça changeait de couleurs sans arrêter! Le soleil est tombé comme une roche en arrière d'la montagne... Juste avant qu'y disparaisse complètement, les oiseaux ont arrêté de piailler. Complètement. On aurait dit que toute, pas rien que moi, que toute regardait le soleil tomber. En silence. Quand le soleil a eu disparu, les oiseaux pis les criquettes, pis les grenouilles ont recommencé leur vacarme, tout d'un coup, comme si quelqu'un avait rallumé la radio! En ville... des fois, en regardant par la fenêtre de la cuisine, j'vois ben mais les hangars m'empêchent de voir c'qui se passe, au juste... Pis j'ai pas le temps. En ville, j'ai pas le temps pour ces affaires-là. (ALBERTINE, 30 ans)

(*Albertine en cinq temps,* de Michel TREMBLAY)

L'ACCABLEMENT

Un bon matin, la police est venue sonner a'porte... J'me préparais à aller travailler... J'chantais... J'ai tu-suite compris que quequ'chose était arrivé à ma fille... J'me suis dit, comme ça, pendant que les deux policiers s'installaient dans le salon avec des mines basses: «Ça y est, dans une minute ou deux, le monde va s'écrouler sur mes épaules...» Pis le monde s'est écroulé sur mes épaules... (*Silence.*) Y m'ont dit qu'y l'avaient trouvé dans une chambre de la rue St-Laurent... Y savaient pas encore si était

morte naturellement ou ben donc si quelqu'un...
a'baignait dans son sang... Y fallait que j'aille reconnaître le corps parce que j'étais sa parente la plus proche... j'comprends c'est moi qui l'avais faite ! Pis mon mari y'avait disparu dans' brume depuis longtemps, comme j'avais toujours su que ça arriverait... Avec le monde écroulé sur mes épaules, j'ai été reconnaître le corps. (ALBERTINE, 50 ans)

(*Albertine en cinq temps*, de Michel TREMBLAY)

D'une idée maîtresse peuvent découler plusieurs idées, ce qui nécessite un travail de découpage. Par exemple, le personnage du docteur Caron dans *Le Temps d'une vie*, doit effectuer plusieurs ajustements de registre.

L'IMPUISSANCE

1) LE DÉCOURAGEMENT

Qu'est-c' tu veux que j'te dise, mon pauv' Charles-Édouard ? si y en a un qui peut t'comprendre, c'est ben moè. Comment c'tu penses que j'me sens, quand y a un malheur de même qui vient d'arriver ? Tu sais pas comment c'que j'voudrais pouvoèr guérir tout l'monde moè ! A quoè ça sert d'êtr' toujours prêt à pas ménager sa peine, à s'lever en pleine nuit, à att'ler en vitesse pour courir les ch'mins défoncés ?... Une pauv' tite femme qui t'passe dans 'es mains ! Penses-tu qu' c'est pas décourageant, ça ?...

2) LA RÉVOLTE

Des foès, j'me l'demande : non, mais à quoè c'qu'on sert, nus autes, les méd'cins ? Mett' des enfants au monde en sachant qu'y' nn a au moins la moètié qui s'rendront mêm' pas à l'âge de dix ans. Soègner des malades, pis la moètié qu'on peut pas empêcher d'mourir...

3) L'EXPRESSION DE LA CONDITION HUMAINE

Pourquoè c'qu'on vient au monde, pourquoè c'qu'on meurt ? Pis pourquoè c'qu'y a tant d'enfants, tant d'jeunesse qui meurent ? Pourquoè c'qu'y a la consomption qui emporte tant d'beaux garçons, pis d'belles filles qui ont même pas l'temps d'avoèr vingt ans ?... Pourquoé c'que l'tit gars d'Eugène Bouchard est mort du tétanos avant-hier, parce qu'y avait marché nu-pieds su' un clou rouillé, tandiss que la mère Verrette a déboulé du haut en bas d'son grenier à soèxante-dix-sept ans, pis elle a réussi à s'en réchapper ? Pis là pourquoè c'que ta femme, qui est jeune, pis qui a deux enfants qui ont besoin d'elle, pourquoè c'que j'ai pas été capab' d'la sauver, tandiss qu'y'a tant de vieux, pis d'vieilles qui ont pas d'aut' choses à faire qu'attend' la mort, pis qu'y vont toffer jusqu'à quatre-vingt-dix ans ?

De nouveau,

4) LE DÉCOURAGEMENT

Voès-tu, on est là avec nos r'mèdes, pis nos pilules, nos gros liv' de méd'cine, pis nos pauv'tits savoèrs, on essaye de faire pour le mieux, mais on est pas capab' de faire des mirâcles !

5) LA RÉVOLTE

Pourtant c'est pas ça qu'y faudrait ! Faire des mirâcles ! Pouvoir faire des mirâcles.

6) L'ABDICATION

Mais on peut pas. (DOCTEUR CARON)
Le Temps d'une vie, de Roland LEPAGE

Tenant à la fois de la poésie et du théâtre, *Les Nuits* d'Alfred de Musset (1835) comportent des vers d'une grande beauté et, bien sûr, d'un grand romantisme :

L'homme est un apprenti, la douleur est son maître,
Et nul ne se connaît tant qu'il n'a pas souffert.

La Nuit d'octobre

Les plus désespérés sont les chants les plus beaux,
Et j'en sais d'immortels qui sont de purs sanglots.

La Nuit de mai

Aime et tu renaîtras ; fais-toi fleur encore ;
Après avoir souffert, il faut souffrir encore ;
Il faut aimer sans cesse, après avoir aimé.

La Nuit d'août

Le ciel m'a confié ton cœur,
Quand tu seras dans la douleur
Viens avec moi sans inquiétude,
Je te suivrai sur le chemin :
Mais je ne puis toucher ta main,
Ami, je suis la Solitude.

La Nuit de décembre

(ALFRED de MUSSET)

FAIRE ET DÉFAIRE

Le texte est bien respiré, la diction est précise, les intentions sont justes ? C'est le moment de jeter tout par-dessus bord !!! Voici ce que je recommande (seulement lorsque les conditions citées sont bien remplies...) :

Dire le texte en faisant autre chose (quelque occupation ménagère par exemple !) en s'amusant, en le chantant... le lancer dans l'espace comme pour le perdre ! Il reviendra allégé, délivré de la technique, et les intentions, si elles ont été bien installées au fond de nous, reviendront aussi, plus fortes et plus naturelles.

IV
LE JEU

Gina Bausson

La femme d'un de vos amis (le mari d'une de vos amies) vous demande un rendez-vous. Un peu étonné(e), vous avez accepté, pensant qu'elle (ou il) a quelque chose d'important à vous confier. Un peu inquiet(e) de cette rencontre, vous voulez vous y préparer : seul(e) dans votre salon, vous «répétez» la «scène» telle que vous pensez qu'elle peut se dérouler... Vous venez de JOUER... c'est-à-dire de vivre une situation créée par votre esprit.

JOUER, c'est transformer une illusion en vérité. Être crédible, être vrai, tel est le but du comédien. Être naturel, être spontané, telle est sa recherche.

JOUER, c'est aussi servir un texte, un genre : jouer le drame, la tragédie, le vaudeville, le burlesque... servir un auteur : jouer Shakespeare, Tremblay...

JOUER, c'est agir, réagir, s'exprimer verbalement et physiquement à travers quelqu'un d'autre...

On le comprendra aisément, il n'est pas possible d'expliquer par écrit un travail qui est mouvement, expression physique. Mais je crois que quelques conseils et quelques suggestions seront utiles pour donner une direction à cette recherche et pour éviter certains écueils.

❦

Par où commencer ? Voici une première clé : la DISPONIBILITÉ. La disponibilité ouvre la porte au naturel, à la spontanéité. Elle suppose une confiance qui libère l'instinct, une ouverture d'esprit qui laisse libre cours à la compréhension et à l'imagination.

La disponibilité, c'est la souplesse du corps et de l'esprit. Des exercices physiques tels que détente, respiration, yoga, gymnastique, danse, acrobatie... sont recommandés. Notons l'importance de la COLONNE VERTÉBRALE, siège de tous les mouvements, point de départ de toutes les attitudes. Nous devrions en rester conscients pendant les exercices suivants :

ATTITUDE OUVERTE :
L'ouverture de la poitrine ordonne l'attitude de la tête, des épaules et des bras. Elle est associée à la joie, au bien-être, à la puissance, à la fierté, à l'ouverture sur le monde...

Ex. : *Cyrano de Bergerac* d'Edmond Rostand, et l'Infante dans *La Reine morte* d'Henry de Montherlant, acte I, scène I

ATTITUDE FERMÉE :
Les épaules tombent, la poitrine est rentrée, la tête penchée, le regard fuyant. Elle dénote la tristesse, le malaise, l'impuissance, le repli sur soi...

Ex. : *L'Avare* de Molière, et Martirio dans *La Maison de Bernarda* de Federico Garcia Lorca.

ATTITUDE D'ÉQUILIBRE : solidité, stabilité.

Ex. : *La Mégère apprivoisée* de Shakespeare, rôles de Caterina et de Petrucchio.

ATTITUDE DE DÉSÉQUILIBRE : inconfort, instabilité.

Ex. : *On ne badine pas avec l'amour* d'Alfred de Musset, rôle de Camille, acte III, scène VII, la fin, et rôle de Perdican, acte III, fin de la scène III, et *Le Cid* de Corneille, acte III, scène IV entre Chimène et Rodrigue.

Ces attitudes ainsi cataloguées peuvent être prétextes à imaginer des personnages, à créer des situations en rapport avec elles. On pourra aussi travailler des poèmes ou des rôles qui conviennent à l'une ou à l'autre d'entre elles, ou à deux successivement, par exemple dans un revirement de situation :

un mendiant grelotte au coin d'une rue... Il trouve une liasse de billets de banque tout mouillés par la pluie (ou la neige!), les essuie soigneusement et... réalise que sa vie vient de changer, il se voit dans cette vie nouvelle.

Un danger guette le débutant: dans un souci trop grand de recherche de l'interprétation, il est facile de tomber dans la caricature...

«Charger», en terme de métier, c'est outrer, dépasser la mesure, s'éloigner du naturel.

❦

À la question: où et comment trouver le personnage? Vous pourrez répondre: le personnage est dans le texte.

1)   Les autres personnages parlent de lui.

2)   Il parle de lui-même.

3)   Sa façon de s'exprimer nous donne d'autres renseignements sur son compte.

Une explication (orale ou écrite) de l'atmosphère de la pièce, de la situation, de la vie du personnage, nous le situera, nous aidera à le «voir», à nous en imprégner.

❦

LA PRÉSENCE est la qualité maîtresse d'un comédien. Dans la vie, nos gestes, nos actes, nos comportements nous sont commandés par ce qui habite notre esprit: nous sommes naturellement «en situation». Au théâtre nous devons créer cet état.

L'autre petite clé qui ouvrira cette porte, c'est la MOTI-VATION. Toute situation naît d'une motivation, d'une

127

intention. Un entraînement à l'aide de différents exercices nous habituera à cette « gymnastique ».

Recourir, au début, à des actions très simples comme : marcher, courir, s'asseoir, se lever, regarder, écouter, manger, écrire...

Exemple :   Je me lève.
              « Pourquoi?
              J'ai envie de regarder par la fenêtre?... »
              ou :
              « Est-ce que j'attends quelqu'un? Est-ce par
              ennui?
              Est-ce que quelque bruit m'inquiète?... »
              Ainsi, selon le motif qui crée le déplacement,
              celui-ci sera fait différemment.

Pas de geste appris. Pas de geste inutile. Pas de déplacement injustifié.

Voir avant de dire : « Je vois. » Entendre avant de dire : « J'entends. »

Poursuivons l'entraînement avec des extraits de pièces de théâtre.

Ex.: *On ne badine pas avec l'amour* d'Alfred de Musset, acte II, scène V.

Commençons à la fin de la sixième réplique. Camille et Perdican ont dix-huit ans. Camille est angoissée par la décision qu'elle s'apprête à prendre : devenir religieuse, seule issue qu'elle entrevoit pour celle qui ne croit pas à l'engagement d'un homme au sein du mariage.

CAMILLE. — Trouvez-vous que j'ai raison de me faire religieuse? *(Espère-t-elle que Perdican la détourne de son projet...)*

PERDICAN. — Ne m'interrogez pas là-dessus, car je ne me ferai jamais moine. *(Perdican se défile-t-il en se détournant... ou bien la regarde-t-il bien en face avec l'intention de mettre tout de suite un terme à cet interrogatoire?)*

CAMILLE. — *(Elle n'apprécie sûrement pas cette réponse. Peut-être accuse-t-elle le coup sans broncher... ou en instaurant une distance entre elle et lui... puis elle relance le débat:)* Depuis près de dix ans que nous avons vécu éloignés l'un de l'autre, vous avez commencé l'expérience de la vie. Je sais quel homme vous êtes, et vous devez avoir beaucoup appris en peu de temps avec un cœur et un esprit comme les vôtres.

(L'a-t-elle convaincu par ces compliments?... La question vient directe:)

Dites-moi, avez-vous eu des maîtresses?

PERDICAN. — *(La question est un piège?... Il est méfiant.)*

(Il répond par une autre question...)

Pourquoi cela?

CAMILLE. — Répondez-moi, je vous en prie, sans modestie et sans fatuité.

(Cherche-t-elle son regard? Le retient-elle en posant sa main sur le bras de Perdican?)

Important: Ce que vous ferez dépendra des raisons que vous vous donnerez pour le faire...

AUTRES SUGGESTIONS DE TRAVAIL:

– *Ti-Coq* de Gratien Gélinas, acte III, scène II; dialogue entre Ti-Coq et Marie-Ange.

– *Zone* de Marcel Dubé, acte III, la scène entre Tarzan et Ciboulette.

Pour parvenir à l'AISANCE SCÉNIQUE souhaitée, il ne faut pas avoir peur d'expérimenter pour le travail tous les genres de rôles et toutes les formes de théâtre.

LE COMIQUE

Légèreté, humour, possibilité de jouer de sa voix, jeux de physionomie, sens de la drôlerie, rire, rythmes... le théâtre comique offre toute cette exploration d'autres éléments et d'autres ressources, exploration complémentaire indispensable à toute formation d'acteur.

Les pièces de théâtre «sérieuses», voire dramatiques, sont plus nombreuses que les pièces comiques. Et le fait est encore plus remarquable dans le théâtre québécois.

Molière chez les «classiques», Feydeau et Labiche dans le «vaudeville», Courteline et, plus de près de nous, certains bons auteurs de «boulevard» (Achard, Roussin, Barillet & Gredy...) nous permettront ce défoulement nécessaire.

La vivacité, le plaisir sont de rigueur.

Dans *Le Bourgeois gentilhomme* de Molière, acte III, scène I, Nicole s'esclaffe en voyant Monsieur Jourdain dans une tenue inattendue... Cette scène (qui peut être travaillée aussi bien par une femme que par un homme) est probablement une des plus grandes scènes de rire et on imaginera facilement quels bienfaits on peut tirer d'une telle expérience : éclats de rire, rires contenus... toutes les façons de rire sont ici expérimentées. Il ne faut pas chercher à bien rire. Il faut S'ABANDONNER au plaisir de rire... une vraie thérapie !

Les Gros Chagrins, pièce en un acte de Courteline, permet aux deux interprètes (féminines) de passer avec humour de l'inquiétude à l'insouciance, des larmes au rire. Excellente acrobatie...

JOUER c'est tout cela... Et beaucoup plus... «Tout cela» vous éclairera, je l'espère... «Beaucoup plus», vous le trouverez par l'observation... (Il faut aller au théâtre et suivre le jeu des comédiens...) Vous le trouverez aussi peu à peu en vous, au fil des expériences qui ne sont pas dans les livres, mais que les livres vous auront permis de faire, pour le mieux.

L'IMPROVISATION est un extraordinaire exercice de libération d'ÉNERGIE CRÉATRICE.

Nous ne sommes alors plus liés à un texte, à un personnage, à une situation. Nous devons inventer notre sujet, créer notre personnage.

Il est indispensable de recourir à de bons MENEURS DE JEU qui, par leurs directives, nous mettront à l'abri des écueils habituels: éparpillement des idées, manque d'écoute, de concentration...

Plusieurs formes d'improvisation peuvent faire partie d'une recherche très valable mais ne constituent pas à elles seules une formation théâtrale.

Vous trouverez dans la vie quotidienne d'innombrables sujets d'improvisation, seul ou en groupe:

Téléphoner... Écrire une lettre... Faire ses bagages... Rencontrer des gens différents au cours d'une même soirée...

La grande règle est, ici comme ailleurs, la spontanéité: ne pas chercher comment faire ou comment dire quelque chose... Il faut s'abandonner à la situation, au sentiment, afin que l'intention guide le jeu.

CONCLUSION

LE PREMIER RESPONSABLE DU FAIT THÉÂTRAL : L'AUTEUR

On peut devenir un peintre, un sculpteur, un musicien même, à force d'études, on ne devient pas un auteur dramatique.

(Alexandre DUMAS fils)

J'ai écrit les *Six personnages en quête d'auteur* pour me délivrer d'un cauchemar.

(Luigi PIRANDELLO)

LE DEUXIÈME RESPONSABLE : LE METTEUR EN SCÈNE

Le metteur en scène est le seul capable de voir la représentation dans sa totalité.

(Ingmar BERGMAN)

Le problème n'est pas seulement de dire, au théâtre, mais de montrer. Quand j'ai voulu évoquer une petite ville ruinée, dans *La Vieille Dame*, j'ai mis sur scène une gare, où les trains ne s'arrêtaient plus. J'ai montré que la vieille était riche en la faisant transporter dans une chaise à porteurs par des gangsters millionnaires qu'elle avait pu s'offrir...

(Friedrich DÜRRENMATT, *interview*)

Il y a des metteurs en place et des metteurs en scène. Les premiers se contentent de commander les mouvements scéniques tandis que les seconds sont des directeurs d'acteurs; ils dirigent en chef d'orchestre les nuances, les déplacements, les rythmes et sont capables de donner des esquisses de tous les rôles.

Aujourd'hui, il y a des metteurs en scène qui sont de véritables magiciens. Nous allons quelquefois au théâtre non plus seulement pour les comédiens, mais pour la «création» du metteur en scène.

LE TROISIÈME RESPONSABLE: L'ACTEUR

Plaire et instruire, tel serait le but de cette institution. L'âme est la première partie du comédien; l'intelligence, la seconde; la vérité et la chaleur du débit, la troisième; la grâce et le dessin du corps, la quatrième.

(LEKAIN, tragédien, 1728-1778)

Un athlète affectif.

(Jean-Louis BARRAULT)

L'acteur ne peut jouer que certains rôles, les autres, il les déforme à la mesure de sa personnalité. Le comédien peut jouer tous les rôles. L'acteur habite un personnage, le comédien est habité par lui... Mais il y a des acteurs qui sont comédiens et des comédiens qui sont des acteurs.

(Louis JOUVET)

LE QUATRIÈME RESPONSABLE: LE PUBLIC

Lui aussi a un rôle: il vient COMMUNIER.

Si notre culture (artistique) ne nous sert pas à devenir acteur, du moins fera-t-elle de nous une parcelle valable de public.

(Madame DUSSANE)

Trois espèces de spectateurs composent ce qu'on est convenu d'appeler le public: premièrement, les femmes; deuxièmement les penseurs; troisièmement, la foule proprement dite. Ce que la foule demande presque exclusivement à l'œuvre dramatique, c'est de l'action; ce que les femmes y veulent avant tout, c'est de la passion, ce qu'y cherchent plus spécialement les penseurs, ce sont des caractères.

(Préface de *Ruy Blas*, Victor HUGO)

133

QUELQUES RÉFLEXIONS SUR LE THÉÂTRE:

Condamnés à expliquer le mystère de leur vie, les hommes ont inventé le théâtre.

(Louis JOUVET)

La vérité est que l'invention dramatique est le premier effort de l'homme pour devenir intellectuellement conscient.

(Bernard SHAW)

Le théâtre, c'est Guignol. J'ai maintes fois répété que le meilleur public du monde serait le public qui, pareil aux enfants criant à Guillaume : « Le gendarme ! Voilà le gendarme ! » crierait à Œdipe : « Prends garde à Jocaste ! Ne l'épouse pas, c'est ta mère ! »

Perdre l'enfance, c'est perdre tout. C'est douter. C'est regarder les choses à travers une brume déformante de préjugés, de scepticisme.

(Jean COCTEAU)

Il y a deux manières de passionner la foule au théâtre : par le grand et par le vrai. Le grand prend les masses, le vrai saisit l'individu... Il a été donné à Shakespeare, et c'est ce qui fait la souveraineté de son génie, de concilier, d'unir, d'amalgamer sans cesse dans son œuvre ces deux qualités, la vérité et la grandeur... Hamlet, par exemple, est aussi vrai qu'aucun de nous, et plus grand. Hamlet est colossal, et pourtant réel. C'est que Hamlet, ce n'est pas vous, ce n'est pas moi, c'est nous tous, Hamlet, ce n'est pas un homme, c'est l'homme.

(Préface de *Marie Tudor*, Victor HUGO)

Un peuple qui n'aide pas, qui ne favorise pas son théâtre est moribond...

Federico GARCIA LORCA

LE TALENT?   Le pouvoir de convaincre

CONVAINCRE?   VAINCRE. Vaincre les obstacles, et
              d'abord la peur.

Le comédien relève un défi, comme le funambule sur son fil, le trapéziste sous le chapiteau, le parachutiste dans le vide.

LE TRAC?   Chez les uns, état de panique incon-
              trôlable et destructrice. Chez les autres,
              état second nécessaire à cet étrange
              «dédoublement» que vit le comédien.

Sarah Bernhardt, à une jeune comédienne qui se vantait de ne pas avoir le trac, rétorqua: «Tu verras ma petite fille, quand tu auras du talent.»

On joue pour ne pas se connaître et parce qu'on se connaît trop.

                              Kean de Jean-Paul SARTRE

BIBLIOGRAPHIE

ABICHARED, Robert *et al.*, sous la direction de Daniel Couty et Alain Rey, *Le Théâtre*, Paris, Bordas, 1980, 252 p.

ARTAUD, Antonin, *Le Théâtre et son double*, Paris, Gallimard, «Idées», 1964, 246 p.

ASLAN, Odette, *L'Art du théâtre*, Paris, Éditions Seghers, 1963, 658 p.

BALAZARD, Simone, *Le Guide du théâtre contemporain*, Paris, Syros Alternatives, «Les guides culturels Syros», 1988, 167 p.

BARTHÉLÉMY, Yva, *La Voix libérée*, Paris, Éditions Robert Laffont, 1984, 271 p.

BOLL, André, *Le Théâtre total*, Paris, Éditions Olivier Perrin, 1971, 129 p.

CLASS André, *et al.*, *Phonétique appliquée*, Montréal, Beauchemin, 1968, 263 p.

DEGAINE, André, *Histoire du théâtre dessinée*, Paris, Auto-édition (7, av. Philippe-Auguste, 75011 Paris), 1992, 436 p.

DESHOULIÈRES, Christophe, *Le Théâtre au XXe siècle en toutes lettres*, Paris, Bordas, 1989, 223 p.

DUMUR, Guy (sous la direction de), *Histoire des spectacles*, Paris, Gallimard, «Encyclopédie de La Pléiade», no 19, Paris, 1965, 2010 p.

GENDRON, Jean-Denis, *Phonétique orthophonique à l'usage des canadiens-français*, Québec, 2e éd., Les Presses de l'Université Laval, 1973, 264 p.

GODIN, Jean-Cléo, et MAILHOT, Laurent, *Le Théâtre québécois*, Montréal, BQ, 1970, vol.I ; vol. II.

GRAMMONT, Maurice, *Petit Traité de versification française*, Paris, Armand Colin, 1965, 155 p.

JAMERON, Jacqueline de, *Le Théâtre en France*, 2 tomes, Paris, Armand Colin, 1989.

JOUVET, Louis, *Témoignages sur le théâtre*, Paris, Flammarion, 1952, 249 p.

LECLERC, Guy, *Les Grandes Aventures du théâtre*, Paris, Les Éditeurs français réunis, 1968, 405 p.

LEGRIS, Renée *et al.*, *Le Théâtre au Québec*, Montréal, VLB Éditeur, 1988, 205 p.

LE ROY, Georges, *Grammaire de la diction française*, Paris, Jacques Grancher éditeur, 1967, 175 p.

LE ROY, Georges, *Traité pratique de diction française*, Paris, Jacques Grancher éditeur, 1968, 252 p.

LINKLATER, Kristin, *Freeing the Natural Voice*, New York, Drama Book Publishers, 1976, 210 p.

MARCHAL, Alain, *Les Sons et la parole*, Montréal, Guérin, 1980, 182 p.

MARTENS, Paul, *Nouveau Solfège de la diction*, Paris, 6ᶜ éd., Librairie Théâtrale, 1986, 199 p.

PANDOLFI, Vito, *Histoire du théâtre*, 5 tomes, Verviers, Marabout Université, 1964.

PFAUWADEL, Marie-Claude, *Respirer, Parler, Chanter...*, Paris, Le hameau éditeur, 1981, 242 p.

RONDELEUX, Louis-Jacques, *Trouver sa voix*, Paris, Éditions du Seuil, 1977, 192 p.

SALLÉ, Bernard, *Histoire du théâtre*, Paris, Librairie théâtrale, 1990, 318 p.

STANISLAVSKI, *Ma vie dans l'art*, trad. Nina Gourfinkel et Léon Chancerel, Paris, Librairie théâtrale, 1950, 236 p.

STANISLAVSKI, *La Formation de l'acteur*, Paris, Petite bibliothèque Payot, 1975, 311 p.

VIENNE, Lucie de, *Nouveau traité de diction française*, Paris, Éditions de la pensée moderne, 1966, 336 p.

VILAR, Jean, *De la tradition théâtrale*, Paris, Éditions de l'Arche, 1955, 188 p.

VILLIERS, André, *L'Art du comédien*, Paris, P.U.F., « Que sais-je ? », nº 600, 1953, 128 p.

TABLE DES MATIÈRES

II. LA TECHNIQUE AU SERVICE DE L'INTERPRÉTATION
– Gina Bausson, Marie Lavallée

III. L'EXPRESSION LIBÉRÉE PAR LA TECHNIQUE
– Gina Bausson

CET OUVRAGE A ÉTÉ COMPOSÉ PAR
GUY VERVILLE, TYPOGRAPHE

ACHEVÉ D'IMPRIMER
EN MAI 1997
SUR LES PRESSES DE
VEILLEUX IMPRESSION À DEMANDE INC.
BOUCHERVILLE (QUÉBEC)

POUR LE COMPTE DE
LEMÉAC ÉDITEUR

DÉPÔT LÉGAL
1re ÉDITION : MAI 1997
(ED. 01/IMP. 01)